人権としての住まい、過去と現在

Kazuo Takashima

高島　一夫

「人権としての住まい、過去と現在」

（第一部日本編、第二部欧米編）

編集翻訳 髙島一夫

（はじめに）

　本書は、著者がこれまで関わってきた借地借家人運動関係の資料、国際借家人連合（IUT）より寄贈された書籍、機関誌（22ヶ国4州関係記事）の本会の記録資料他の参考文献をもとに編集した。

　1921年4月、日本の最初の借地借家人運動団体結成から今年で103年目に当たる。しかし、我が国の借地借家人運動未だに欧米諸国の運動水準にほど遠いのが実情です。私たちには今、その原因を探り出して、この運動を如何にして国際的水準に近づけるかが問われています。

　本書の内容は少し複雑ですので、内容を概略的に説明しておきます。内容は大きく日本と欧米諸国の二部に大別し、それぞれが戦前編（1920年から1945年まで）と、戦後編（1946年から2016年頃まで）に分けられます。

　第一部の日本編は、戦前編で第一、第二章で戦前の借地借家人運動の実情、戦後編では、第一から第三章までで日本借地借家人連合の活動記録を中心に説明し、第四章で改正された借地借家法、第五章で借地人、借家人、持家人世帯の現況を説明しています。第二部の欧米編は、戦前編第一章はILT（国際借家人連盟）、第二章は戦前の欧米9ヶ国の住宅運動団体、戦後編は、

第一章が日本とIUT（国際借家人連合）、第二章がアメリカ合衆国、カナダ、オーストラリア、第三章は欧州20ヶ国の住宅運動団体について記述しています。第三章の後に、第二部参考図表として「契約関係対比表」を添付していますので、我が国の借地借家人関係を国際的に見た借地借家契約上の相違点から確認して下さい。我が国の借地借家人層が置かれている状況は非常に劣悪です。住環境が劣悪な上に、貸主層への過剰な保護優遇政策が戦前から借地借家人を苦しめています。その原因は政府の長年に亘る、所有権重視、居住権軽視の土地住宅政策から来るものです。加えて欧米からの住宅政策に関心も情報も少なく、インターネットの情報過剰時代に日本だけは権利金、更新料が許される不当な状況が放置されています。我たちの住まいに対する権利意識の低さを今一度考え直すべき時です。無論日本より劣悪な借家契約条件の国々が存在するのは事実ですが、日本より遙かに居住権の安定した英国、ドイツ、フランスやスウェーデンなどの借主等から、何故日本人は遅れた意識のままで居続けるのかと問われたら答えに窮するままでいいのか。私たちが「住まいを各個人の問題」とする、独善的、島国根性に止まる限り、居住権擁護運動の前進はありません。読者の皆さんが本書と付属の「借家人憲章」を参考に私たちに今、何が必要かを考えていただければ幸いです。

2024 年 6 月

目　次

はじめに　　　　　　　　　　　　　　　　　　　　　　（p.1-2）

（目次）　　　　　　　　　　　　　　　　　　　　　　（p.3-p.4）

第一部　　日本

第一編　　戦前編

第一章　　大震災と借家人同盟　　　　　　　　　（p.7-p.15）

第二章　　戦前借地借家人運動の盛衰　　　　　　（p.16-p.33）

（戦前編　参考図表、註解説、参考資料）　　　　　　（p.34-p.39）

第二編　　戦後編

第一章　　日本借地借家人連合活動開始時の状況　（p.41-p.50）

第二章　　日本借地借家人連合の組織活動　　　　（p.51-p.54）

第三章　　日本借地借家人連合の紛争処理活動　　（p.55-p.68）

第四章　　改正借地借家法の説明　　　　　　　　（p.69-p.80）

第五章　　借地人、借家人世帯と持家世帯の状況

　　　　　　　　　　　　　　　　　　　　　　　（p.81-p.84）

（戦後編　参考図表、註解説、参考資料）　　　　　　（p.85-p.88）

第二部　欧米諸国

第一編　　戦前編
第一章　　ILT　（国際借家人連盟　International League of Tenants）

（p.91-p.94）

第二章　　戦前の欧米諸国の住宅運動団体（9ヶ国）（p.95-p.107）

英国（大英帝国）、アメリカ合衆国、ドイツ、オーストリア、スウェーデン、フランス、チェコスロヴァキア、デンマーク、ノルウェイ

第二編　　戦後編
第一章　　日本（「賃貸借関係のみ」）、IUT（国際借家人連合）

（p.109-p.115）

第二章　　アメリカ合衆国、カナダ、オーストラリア（4州）

（p.116-p.127）

第三章　　欧州諸国の住宅運動団体（20ヶ国）（p.128-p.181）

英国（イングランド、北アイルランド、スコットランド、ウェールズ）、デンマーク、オーストリア、オランダ、イタリア、スイス、ドイツ、スウェーデン、ベルギー、ノルウェイ、フィンランド、チェコ、ポーランド、スペイン、スロヴァキア、フランス、ラトヴィア

＊参考図表・資料（契約関係対比表、同補充説明、「借家人憲章」）

（p.183-p.194）

　本書で取り上げた運動団体所属の国々は、欧米を中心とした23ヶ国とオーストラリアの4州であるが、「契約関係対比表」ではアメリカ合衆国、フランス、オーストラリアのヴィクトリア州を除いている。
　なお英国はイングランド他の3ヶ国を示す。日本は戦後編の第一章に「契約関係」のみを取り上げているが、第三章の契約関係対比表の補充説明でも解説している。

第一部

日本

第一編

戦前編

第一章　大震災と借家人同盟

　1923 年（大正 12 年）9 月 1 日午前 11 時 58 分、東京、横浜を中心とした関東地方を大震災が襲った。死者約 10 万 5 千名、全壊建物 12.8 万戸、全焼 44.7 万戸、津波による流出家屋は868 戸であった。当時東京市内は 203 万人、44.2 万世帯が住んでいたが、市内の家屋の約六割が被災した。政府は市内の公園、学校に集団バラックを建設し、9 月 8 日の時点で約 76 万 7 千名を収容した。しかし、必要とする住宅が大幅に不足したため、被災した市街地のバラック建物を建築基準法の適用外としたほどであった。多くの被災者が市の郊外や近県に住まいを求め移住したが、同年 10 月下旬には市民 39 万名が焼け跡に戻り、仮に住まいのために焼け跡に焼け残ったトタンや木材で雨露をしのぎ、住むためのバラック住宅を建て始めた。こうした自力建設の住宅は最大で 23 万戸、市内にバラック 20 万戸が乱立状態となった。幸いにも震災の前年に全国各地で借地借家争議が多発していたために、借地法、借家法（大正 11 年）が制定されていた。しかし、当時の借地法では借地上の建物構造で契約期間は 20 年か 30 年とされただけであり、借家法も解約通知

から6ヶ月後は立ち退くとされ賃貸借の継続が充分保証されない、弱体な保護法であった。しかも、東京市内には市民の約九割が借家人で、家主も借人人が多かった。当時の借地法、借家法では建物が焼失すれば、借地権借家権もなくなるとされていた（現行法でも、同様であるが、借地の場合は承諾を得られれば建替えて継続可能である）。

当時の貸主層は、借地人、借家人が焼け跡に建物を築造したのは違法であるとして、バラックの取り壊し・撤去を求めていたが、大勢としては建物撤去は家主側の権利の乱用とされ、バラックは事実上認められた。

大正10年4月に東京市で、初めて本格的な借家人団体、布施氏は借家人同盟が弁護士の布施辰治氏らにより結成された。布施氏は、「借家人は借家契約の前提として土地の使用権を保有するため、バラック建築の権利がある」と主張し、「住居は生活の中心であり、それは土地であり、焼け跡ではない。借主等が地主家主の承諾なしにドンドン、バラックを建てたため東京市が復興した。そこで政府当局も無関心でいられなくなり、臨時処理法を制定したのだ。借家権は社会的権利であり、何人も人間の生活の本拠たる居住権を犯すことは出来ない。」とした。政府は1924年（大正13年）8月には「借地借家臨時処理法」を公布している。当時の「処理法では、「借家人は当該地の借地人の同意があれば、土地所有者の承諾なしに建物建築が容認された。」また、「借家人は新築建物に優先賃借権を有する。」とされた。こうして借地借家人は土地所有者の承諾なしに焼け跡にバラックを建てて住むことが出来た。大正12年11月には、101ヶ所、8万6千名、大正13年10月には5万4千6百名が居住していた。

東京市の当時の平均的家賃は10円から40円で、中産階級の平均月額所得は70円以上から250円以下であったので、家賃は月収の15％以上であった。家賃は値上がりして、1914年を100とすると1922年に252で、八年間で2.5倍以上になった。大正11年から借地借家調停法が施行されたが、調停紛争も急増した。東京市の統計資料によると、同市の調停件数は大正11年から同12年8月までの311件から大正12年9月から同12年の12月までの5,112件、大正13年に8,605件、大正14年4,608件と急増を続け、昭和3年5,587件となっていた。紛争内容は借地、借家ともに建物収去、明渡し請求など深刻な内容が多数を占めていた。

（借地）	件数（%）	（借家）	件数（%）
バラック収去	176（19.90）	家屋明渡し	2,779（66.34）
建物収去	118（13.16）	家賃延滞	835（19.93）
土地明渡し	128（14.28）	賃貸借継続	119（2.84）
地代値上げ	94（10.49）	家賃値下げ	123（2.93）
土地賃貸借継続	94（10.49）	造作買取り	85（2.02）
借地協定	104（11.60）		

〈調停事件紛争内容〉東京市 昭和4年「借地借家争議に関する調査」借地借家調停、5,085件の一部　戦前期　参考資料一部引用

　調停の紛争内容を見ると、借地では、バラック、建物収去と土地明渡しで47.34％、賃貸借継続を入れれば57.8％を超えている。借家も家屋明渡しが3分の2となっており、家賃滞納も約2割となっていることなど当時の借地借家人の窮状が忍ばれる。このように大震災で都市部の借地借家人は苦境に追い込

まれていたが、昭和になると借地借家争議の波は全国に広がった。しかし、借家人同盟が大正 15 年まず行なった任務は規約では以下の通りであった。 ①借家問題に関する法律上の研究 ②借家争議に関する事実調査 ③裁判外における借家争議の折衝 ④裁判上における借家争議の対抗」などであった。その運動理念は、大正 11 年に布施氏が発行した機関誌、「生活運動」の発刊の辞に示されていた。

同盟結成の目的は、「借家人同盟とは生きんがための団結、現実の生活苦と団結の力を自覚した借家人諸君と、その組織を組織した無産階級の団結である。住まいは自由に活動する能力の泉であり、それは安らかな住宅にのみ湧く。また私たちの幸せは楽しい家庭にのみ創造される。」とした。

借家人同盟が震災直後の東京で行ったのは、借地借家争議の解決を目指して各地に支部を設け、役員を配して相談に当たらせ、出張相談会、演説会を開催し、借地法、借家法の法律理解のための優しい解説書、小冊子を印刷販売し、さらにポスター、ビラ配りでの宣伝を展開し、借地借家人への啓蒙活動を行うことであった。しかし、大正 15 年、布施辰治氏と幹部の岩井勇蔵氏が同盟の運動方針を巡り鋭く対立して同盟は分裂する。岩井氏は借家人同盟の発会式で次のように演説している。「家主と対立するのは、決して借家人自身のためではなく、都会の盛大を期するにおいて市民として都会生活者として尽くさねばならぬ義務」と断言する。しかし、その一方で、「借家法、借地借家調停法も決してプロレタリアに忠なるものではない、資本主義経済にもとに置かれ、資本家のためのものにして——立法政策で今日の問題解決も、争議を未然に防ぐことも不可能であって、どうしても階級意識に目覚めたプロレタリアの団結の

力によらねばならぬ。」とした。同士は労働運動家の立場から、布施氏が弁護士の立場に立つ、借地借家事件を解決することを住宅運動の基本とする運動方針を小ブルジョワ的と排撃した。布施氏は、「借家人運動と政治運動は異なる」とする意見から岩井氏と対立した。しかし、両者は借地借家人運動を階級闘争の一環とする点では一致しており、そのため運動を居住権擁護の本来的立場を離れた階級闘争に埋没させて、居住権擁護の運動の進め方を確立できないまま消滅させたのである。

借家人同盟の分裂

　借家に同盟分裂の次条は同盟の公開論文、「借家人同盟は如何に闘ってきたか（1927年）」に記載されている。なお同盟の創設者の布施氏は、分裂後の昭和3年に同盟の一部会員とともに、「日本借地借家人同盟」を結成した。その組織の「運動方針草案（借家人運動は如何に闘うべきか）」は前掲論文への布施氏側の回答とも取れる。両氏の運動方針上の意見の相違は紛争相談活動の評価の違いだけではないが、一応判り易いように表にしておく。昭和14年に地代家賃統制令、昭和16年には借地法、借家法の改正が行なわれた。これらの法的措置がどういう意味を持つかは後述するとして、借地法、借家法の改正は我が国の居住権擁護にとっては極めて大きな前進となった。大正11年の借地法、借家法には貸主の更新拒絶に対抗する規定がなかった。更新が来ても何の理由もなしに、貸主が首を横に振れば契約は終了していた。しかし、旧借地法の第四条、第六条では、「借地権消滅の場合において借地権者が更新を請求したるときは建物ある場合に限り前契約と同一の条件をもって借地権を設定したものと見なす。ただし、土地所有者が自ら使用することを必

要とする場合その他正当な事由ある場合において遅滞なく異議を述べたるときはこの限りにあらず。」とされた。また、旧借家法では第二条に「法定更新条項」がある。いずれにせよ、土地所有者に正当な事由が無ければ更新希望を拒否できない」とされたのである。この重要な条項は、現行法の借地借家法第五条、同六条に、また、借家では第二十六条から第二十八条にかけて、更新拒絶するには家主に正当事由が必要と定められた。（なお、旧借地法、旧借家法とは昭和16年、昭和41年の法改正による借地法、借家法を指す。）

「岩井氏と布施氏の借家借家人運動に関する主張の対比」

借家人同盟　（岩井勇蔵）	日本借家人同盟　（布施辰治）
相談活動の運動上での位置づけ〉 布施氏側の過去の事件体験を借家人組織の理論とする相談活動を小ブルジョワ的と非難し、相談活動は無産大衆の居住権確立のための運動の第二義的なものとした。 政党との共同闘争の位置づけ〉 労働農民党は無産大衆の声を受けた左翼団体として全国的に活動している。同盟は同党に追従して居住権確立のための日常的闘争機関として自己確立し、全国的に組織を拡大する。	相談活動の運動上での位置づけ〉 相談活動は借家人らの経済闘争を勇敢に闘い、借家人大衆及び無産一般市民の深い信頼を得て、彼らを指導し教育し訓練し団結させるものである。同盟は彼らを政治闘争に参加させる蝶番（ちょうつがい）の役割を果たす。 政党との共同闘争の位置づけ〉 労働農民党は労働者階級の統一者、指導者であるので、彼らと提携すべきでなく、提携できない。

分裂後の借地借家人団体の動向

　旧労農党から分離した政治的自由獲得労農同盟が結成した京都地方借家人同盟は、昭和4年9月に借家人同盟に参加した

（1,588 名）。日本借家人同盟は、昭和 3 年 2 月に労働農民党系の日本借家人同交会と合同し、借家人組合全国同盟となった（920名）。昭和 4 年 2 月には借家人組合全国同盟に除名された者達で借家人組合評議会が結成された（310 名）。布施氏と対立していた借家人同盟の岩井氏等は、労働農民党との共同闘争で同盟の勢力拡大に努め、労働農民党も、家賃三割引き下げ闘争を積極的に展開していた。家賃三割値下げのスローガンは当時の多くの無産政党が掲げて地主々主層と交渉していた。問題は借家人団体以外の団体がこれ以後、大阪、京都などの政党の政治闘争として地代家賃争議の解決交渉に関わったことである。その発端は当時の代表的借地借家人団体の借家人同盟が彼らに代理する交渉者として労働組合や政党の幹部を容認したことである（「京都地方労働運動史」）。そのことにより借地借家人運動は労働者と資本家間の経済闘争に紛れ込まされて、借地借家人の人権闘争を単なる経済闘争に変質させた。労働組合や無産政党は賃料引き下げ交渉を民間の地主、家主を相手に賃料値下げ交渉に集団で圧力をかけて要求を比較的容易に克ち取り、借主から謝礼金を受け取るという割のいい、活動資金稼ぎの手段としたのである。これは借地借家人等の居住権・人権を守る闘争を単なる小市民間の経済闘争におとしめるものであった。つまり、政党が活動資金を得ることで無産階級全体の利益になるとして借地借家人は道具にされたのである。確かに結果的には多くの悪質貸主や業者の不当な収奪から、借地法、借家法の借地借家人保護の不備につけ込んだ暴利から、借地借家人の被害を一時的に食い止めた。しかし、借地借家人らが不当に収奪されない状況、根本的な解決に向けた徹底的な法改正の道はまだまだ程遠い状況であった。政党や労働組合の借地借家争議への介入では、後

述するが、昭和初期の京都市内での過激な対貸主への暴力的手法がとられた。そのため、貸主対借主間の、近隣住民同志間の人間関係に深い傷跡を残したと思われる。この傾向が全国的に広がっていき、借地借家人団体自体に無法者の集団と思われるような暴力的イメージがつき始めたのである。昭和10年前後の借地借家紛争での組合幹部の暴力事件での逮捕事例の多さがそれを裏付けている。借地借家人運動は岩井氏が主張した政党との共同闘争で全国的に広がりを見せた。しかし、政治的活動も借地借家権擁護の運動に必要であるが、現実には、政党間の勢力争いという政治闘争にと住民運動が飲み込まれてしまい、運動はただの市民間の経済闘争に変質していった。それは無産大衆を借地借家人運動から引き離す結果となった。借家人団体が紛争解決にのみ関心を集中して、住宅運動の理解を深める努力や教育宣伝に力を注がずに来ていた。

　そのため不況が落ち着き、紛争が減少し始めると、借地借家人運動への関心も薄れ、問題を抱えていないため運動から離れる者が続出し、その結果、昭和8年頃には、組合員数が大幅に減少し（図1, 2参照）、政治的活動どころか日常活動にも支障が生じるようになったと思われる。これは、借地借家人団体の幹部岩井、布施氏らの重大な運動指導上のミスであり、その責任は大きい。しかし、政治活動が悪いとは言えない。当時の借家人団体が支持していた一部の政党の活動は無視出来ないものがあった。昭和4年の大阪市議選で住宅問題を取り上げ、躍進した社会民衆党は、市当局に対して借家人政策の充実徹底を要求していた。また、市議会に「家賃制限法制定、政府の失業者への家賃支給、市営住宅の家賃引き下げ、増築や、司法省への借家法改正の提議、借家人側の調停人選出」を求めていた。これ

らの活動の成果は記録されていないが、当時としてはかなり先進的な活動と言える。しかし、社会民衆党は昭和７年に労農大衆党と社会大衆党を結成し、全大阪借家人組合が昭和８年には全国大衆党系、社会民衆党系支持から社会大衆党支持に転じていた。布施氏らの全国借家人組合も昭和８年頃には社会大衆党系となり、こうした先進的活動もいつしか消えていった。

第一章　大震災と借家人同盟　15

第二章　戦前借地借家人運動の盛衰

昭和初期の借家人争議の実情（東京市、大阪市、京都市）

〈東京市〉昭和6年「借家人新聞」、全国借家人組合機関誌の記事

　＊下谷に住む家具屋Aさん老夫婦が不況のため家賃滞納でいたところ、突然、土方風の男達が現れ、家財、家具を全部路上に放り出し、家を壊していった。組合役員が家主と話し合いを求める一方、雨にぬれて震えるAさんらを路上にテントを設置し一時的に住まわせた。ところが、警察官等が来て実力でテントを撤去しようとしたため、抵抗した組合員三名が警察に拘束された。結局、町内の有志から自動車を借りて家具を移動させたが、家主は病気で入院したとして交渉できないままであった。

　＊都内の震災焼け残りのボロ借家に住んでいたBさんのところに、事件屋が暴力団員数名を連れてやってきた。食事中だったのに家具を路上に放り出し、屋根まで剥がしていった。近所の住民もこれには怒って大勢で家主宅に大勢で押しかけ、勢いあまって家主の家の玄関を壊した。そのため警察官に4名が検挙されたが、組合役員が家主と交渉し、Bさんが近所に移転できるだけの立退き料で和解した。

〈大阪市〉資料・「大阪社会運動史」財団法人　大阪社会運動協会

　昭和2年（1927年）、空き家率は5%を超えたが、大阪では物価、労賃も低下していた。失業率は増加して家賃負担は増す一方で、労働者の平均家賃率は18.3%、月収50円以下の層の家賃率は26%で昭和6年でも21%もあった。家賃20円未満の貸家への需要が高まり、借家人団体が6団体も結成された。昭和4年に借家争議がピークに達して、大阪地

方だけで主要な借家人団体13団体、小規模組織を含める150団体にもなった。各団体を政党別に分けると、労働農民党系は大阪借家人同盟が昭和2年に借家人同盟に参画した。無産大衆党大阪府支部は、昭和3年に10月に借家人組合全国同盟大阪借家人組合を結成した。昭和2年7月に全国借家人同盟（松谷与次郎委員長）が日本労農党一派により組織され、日本大衆党や全国大衆党を支持していた。

　社会民衆党系としては、日本借家人組合（松永義雄組合長）が作られ、全大阪借家人組合は昭和4年の社会民衆党分裂で分れた一部が全国民衆党支持となった。昭和4年の大阪市議選で躍進した社会民衆党系の全大阪借家人組合は大阪借家人同盟（労農系）、日本大衆党大阪府連合会執行委員会と昭和4年11月に大阪市住宅相互組合結成集会を開催し、1929年末には4千名の組合員を集めていた。関西借家人組合の4団体が集結して労農党系組合による関西借家人協議会が組織された。

　争議に関与した組織は、全大阪借家人組合（社会民衆党系）47件、大阪市住宅相互組合（日本大衆党系）12件、大阪借家人同盟（旧労農党系）3件、その他12件。社会民衆党系の活躍が目立った。関与した争議の84%が一割から一割四分の値下げの成功していた。借家争議は昭和5年以後、沈静化し始めたのは家賃値下げ自体が継続しにくいことや、深刻化する恐慌の下で借家人層の経済事情の悪化から家賃下げよりも賃貸借継続、家賃支払猶予に要求が変化したためである。昭和6年4月に結成された全国借家人組合の、要求スローガンは、「家賃猶予・滞納家賃棒引き、強制立退き反対」と生活防衛の受け身的なものに変っていた。昭和9年頃から国家主義的借家人団体が登場した。

〈京都市〉資料・「京都地方労働運動史」　渡部徹著
　借地借家人運動は昭和に入り全国的に広がり、昭和4年後半から同7年まで各無産政党、労働組合の市民闘争として利用され活発化した。し

かし、7年末からの景気回復と国家主義的風潮の高まりで運動は衰退し始める。昭和4年1月、水谷長治郎氏らによる労農大衆党の結成に際し、旧労農党（政治的自由獲得労農同盟）は京都借家人同盟を結成したが、4.16共産党員大量検挙事件で多数の幹部を失い消滅した。社会民衆党は、昭和3年10月に日本借家人同盟京都支部を設立した。労農大衆党派昭和4年7月に京都借家人同盟設立総会を開催した。日本大衆党は昭和4年11月に京都家賃引き下げ期成同盟を結成した。京都市では、昭和4年5から9月までに借家争議20件余りが発生したが、同年9月から12月上旬までに60件（1,200余戸）が起きていた。各党別争議件数、関係戸数は以下の通りである。　労農大衆党　（昭和4年2—12月、31件867戸）、日本大衆党　（10—2月、7件488戸余）、社会民衆党　（10-12月、10件226戸以上）、労働組合全国同盟（11月　1件　70戸）、労働農民党（12月、1件　数十戸）、〈要求内容〉は家賃一割から二割以下の値下げ　7件、家賃二割値下げ　16件、家賃三割値下げ　13件、その他12件——敷金撤廃、立退き料要求、修善工事実施、敷金据置き、敷金金利付加、値上げ撤回。

〈京都市内の借家人争議〉
　＊伊豆蔵借家争議
　上京区の伊豆蔵は借家六十戸を有する大家主。家賃は一般より高く、借家人の日本大衆党シンパが家賃値下げ運動を日本大衆党校友会事務所に依頼。昭和4年10月に同党の活動家等が店子より家賃三割値下げ要求の連判状を集め、ビラまきを始めた。同党は家主や業者からの穏便に済ませて欲しいという要求を拒否し、ポスターをベタベタはり貼り、伊豆蔵一家を直接脅したり、嫌がらせを行なった。しかし、なかなか家主側が譲らなかったが、争議団が10月に伊豆蔵悪行の暴露演説会を開くとの広告を各所に掲示したため、伊豆蔵も演説会直前に折れて10月分

より裏家二割、表家一割五分の家賃値下げで解決した。

　＊釜平借家争議

　釜平は市内数百戸の借家人から毎月、七、八千円の家賃収入を得ていたが、高額な家賃値上げをしつこく要求した一部の者にのみ、一割足らずの引き下げしか応じなかった。釜平は僅かな修理工事をしただけで家賃を一割から三割値上げされた。ほとんどの借家人が修理されないので自費で修理している非道さであった。長く住んでいるのに同じような家の新しい借家人より十円も高かったり、五円の家賃を十七円に値上げされた事例もある。そこで各町毎に連絡を取り合い、家賃引き下げ期成同盟と日本大衆党に応援を求めて闘争委員会を組織した。近く全市で釜平争議批判大演説会を開催し、世論に訴える方針であった。争議団はビラまきを続け、同時に家主への嫌がらせを行なった。家主側も個別に借家人等への切り崩しを始めた。こうした闘いの成果として、年末の27日に家主側が折れて家賃引き下げ交渉が妥結した。その内容は以下の通りである。

　松之木町は家賃二割値下げ、その他全部が一割八分値下げ　（2）12月分より水道料金は借家人負担　（3）敷金に銀行利子を付加すること―家賃滞納者、6ヶ月以内返還者には付加せず（水道、ガス設備は家主負担で即時設置し、借家人負担分は家主が買い取ること　（5）電灯器具使用料は家主負担とする　（6）家屋破損部分は家主が即時修理する　（7）家主は争議団に対し金一封を与うること　（以上）

昭和3年から昭和12年までの政治的状況

　大阪で昭和5年以降に借家争議が沈静化したのは深刻化する経済事情下での借家人層の苦しい生活によるものでもあった。昭和5年から同7年にかけて深刻な不況が続いていたが、昭和6年満州事変が勃発した。それ以前の昭和3年9月に内部

対立をやめ、戦線統一を目指した借家人同盟（岩井勇蔵）、借家人組合全国同盟（布施辰治）と全国借家人同盟（俵次雄）が借家人組合総連盟を結成。その綱領には、(1) 不当なる家賃引き下げ、(2) 敷金・権利金撤廃　(3) 公営住宅の増設　(4) 借家人保護法の制定などを掲げていたが、同綱領は、「あらゆる闘争は組織労働者の指導なくして真実の階級闘争たりえない。我らは無産階級戦線の一分野とする」ように、その立場は変わらず、結成後に特に運動は無く有名無実に終わった。

　昭和6年の満州事変以降は、無産政党の社会運動にもナショナリズムの動きに影響された国家社会主義支持勢力の影響が増していった。旧労農党分裂から無産政党の再結集が進み、昭和3年中間派の日本労農党は地方の無産政党を集めて日本大衆党を、社会民衆党は昭和4年に全国民衆党を同様に結成していた。この両党が合同して昭和5年全国大衆党が出来た。しかし、同年2月の選挙で、無産政党勢が大敗したため、同年7月全国大衆党と労農党、社会民衆主義党が合同して全国労農大衆党が設立された。社会民衆党は社会民主主義政党であったが、満州事変を機に国家社会主義傾向を強めていった。昭和6年同党の中央委員会で赤松書記長は、「満蒙における我が国の権益を侵害されるのは不当」として「日本の国体尊重の精神を明確化にする運動方針」を決定した。同党の安部磯雄氏らは、国家社会主義的傾向に反対し、赤松氏らと対立した。全国労農大衆党は、堺利彦氏らが「対華出兵反対闘争委員会」を設けて、帝国主義戦争反対の立場から「我々の反ファッショ党争は帝国主義ブルジョアジーとの闘争に集中せねばならぬ」としていた。これに対して同党の最高幹部が反発し脱党して新日本国民同盟を結成した。また、労働組合の間でも国家社会主義勢力が台頭して、

日本労働組合総連合は昭和6年に全国労農大衆党支持をやめ、新日本国民同盟を支持するようになった。昭和5年7月、全国労農大衆党は社会民衆党、日本大衆党と合同し無産三政党の合同で全国大衆党を結成した。また全国大衆党と社会民衆党の組織が統合されて京都借家人同盟が出来ている。大阪市住宅相互組合は新日本国民同盟の支持に変わり、無産政党三党の合同に刺激されて昭和6年4月には借家人組合協議会、借家人同盟、借家人組合全国同盟、全国借家人同盟が合同して、「全国借家人組合」が創設された。日本大衆党は昭和5年7月より全国大衆党となったが、昭和4年11月に大阪市住宅相互組合を組織していた。社会民衆党は昭和3年8月に日本借家人組合を、昭和4年に大阪で全大阪借家人組合を組織していた。

「全国借家人組合」は全国大衆党の結成に刺激され、四組織が合同したが、政党支持は組合員の自由としていたため内部対立が続き、分裂して全国借家人組合戦闘化同盟、全日本借家人組合が結成された。昭和7年には新日本同盟を支持する全関東借家人組合が現れ、全国借家人組合から除名された千葉喜三、武藤運十郎氏らにより全日本借家人組合が結成された。

　昭和6年に右翼中間派労働組合が集まり、日本産業労働倶楽部が結成された。労働戦線は国家社会主義労働組合派と、社会民主主義派（全日本労働総同盟、"健全なる労働組合主義"）と日本労働組合全国評議会派（昭和9年の合法左翼）の三派に分裂した。しかし、昭和12年7月に支那事変が始まると、全ての労働組合は国家総動員法成立を機に労働組合を発展的解消すると、産業報国のための戦時労働統制強化に協力し組織を自主解体した。

その他の各地の借地借家人団体の動向

* （借家人組合評議会）　借家人組合全国同盟に所属、昭和4年3月の東京市議会議員選挙の候補者問題で同盟より除名された者等で同年2月設立。

* （借家人同盟）　大正10年に布施辰治氏らが創設、神道寛次、中村高一、岩井勇蔵氏等新労農党分子が演説会、出版物を配布し組織拡大に努めている。昭和4年の東京市議会議員選挙に岩井、中村氏が立候補して落選していた。極左的運動方針で借家人運動の賃料3割値下げ要求に加え、解放運動犠牲者救援、暴圧反対運動などの極めて不穏当な宣伝を行ない、選挙戦での演説会でも同様の宣伝を行なった。

* （借家人組合全国同盟）　昭和3年に日本借家人同盟と日本借家人同交会が合同し出来た組織。
昭和4年の東京市議会議員選挙に泉忠氏が日本大衆党から立候補したが、これに反対する旧労農党分子を除名した。演説会、懇談会で不穏当過激な発言を繰り返した、弁論中止、集会解散あること一再に止まらざる状況であった。

* （京都借家人同盟）　労農大衆党支持の水谷長三郎氏が結成した。同氏が離れた政治的自由獲得労農同盟は同5年5月、京都地方借家人同盟を結成した。

* （関西借家人組合協議会）　昭和4年11月、旧労農党系組合が結集し組織された。

* （全国借家人同盟）　昭和2年8月に旧日本労農党が組織し、日本大衆党顧問弁護士松谷与二郎委員長が結成した。

* （大阪市住宅相互組合）　日本大衆党の大阪市市会議員坂本幸三郎氏が昭和4年11月に結成した。同7年5月に坂本氏が新日本国民同盟を支持すると組合も同盟を支持するようになっ

た。

* （日本借家人組合）　社会民衆党が昭和3年8月に無産市民大衆を借家人運動を利用して結集する目的で組織。社会大衆党支持であったが、地方支部深部の国家主義的傾向で勢力を削がれていた。

* （全国借家人組合戦闘化同盟）　昭和7年7月創立。旧借家人組合協議会に属していた吉崎徳治郎氏等が日本共産党の前田菊五郎派の影響で組合の左翼化を策し、旧借家人組合全国同盟の泉留吉（全国借家人組合浅草支部）により除名された。昭和7年に淺草借家人組系列の組織を集めて、全国借家人組合戦闘化同盟を組織した。同団体は菊田氏の指導の下で借家争議の扇動、帝国主義戦争反対、公判闘争を過激な論調で展開した。

* （京都借家人連盟）　日本労働組合評議会系の松尾宣寿氏が戦闘化同盟と連携し、昭和8年頃活動していたが、松尾氏が、全協フラク（日本共産党指導の日本労働組合協議会の関係者）として、6月に検挙され、7月に組織は解散している。

* （全国借家人組合刷新同盟）　後藤次夫氏は全国借家人組合結成後に刷新同盟を結成し、戦闘化同盟と併存する革命的借家人組合と称していた。昭和9年に同人が日本共産党に入党したため、青池苗常氏が常任書記となった。

* （全国借家人組合）　昭和6年4月に、借家人同盟、全国借家人同盟、借家人組合全国同盟と労借家人組合協議会が合同して結成された。政党支持をめぐり、内部での対立が激化し、中田惣寿（旧借家人同盟）、泉忠（旧借家人組合全国同盟）と岩井勇蔵氏等が残留したが、大規模な幹部の除名がな

され、昭和7年に全国借家人組合戦闘化同盟、全国借家人同盟、全日本借家人組合が分離している。

* （全日本借家人組合）　昭和7年に全国借家人組合から除名された、千葉喜三、武藤運十郎氏等が全国借家人組合に対抗し創設した。

* （全関東借家人組合）　昭和7年7月、新日本同盟の深田銀吟次郎氏が同盟足立支部の勢力拡大のため設立した。

* （全京都借家人組合）　従来は社会民衆党支持であったが、国家社会主義の進展に応じて国家社会主義党支持の声明を昭和7年に出した。

* （全大阪借家人組合協議会）　大日本生産党が昭和7年7月に党勢拡大のため設立。借家公営、失業者家賃七割引き、家賃半減党の要求をビラ配布、演説会で宣伝した。

* （日本勤労借家人同盟）　昭和8年4月に社会大衆党の蒲田政雄氏が創設した。同盟の目的は、借家人大衆の居住権確立の党争を階級闘争運動に発展させることである。

主要な借地借家人組合運動の後退

　各借地借家人団体の組合員数は昭和8年頃から減少し始め、同10年頃は著しい衰退を見せ出した（図1、2参照）。衰退消滅のタイプには自然衰退タイプと、内部不祥事・検挙による2タイプがある。

（自然衰退、組合員減少による衰退タイプ）

　・大阪市住宅相互組合──新日本国民同盟を支持していたが、組合員減少のため昭和6年10月に解散した。

　・全国借家人同盟戦闘化同盟──左翼運動の不振で運動進展

せず、中心分子の検挙もあり、昭和9年8月頃自然消滅した。

（内部不祥事、検挙による衰退タイプ）

・京都借家人連盟——昭和8年4月に設立されたが、幹部の松尾氏が京都府の当局に全協会フラクとして検挙され同年7月に解散した。昭和10年5月に警視庁が暴力団狩りを行い、33名の借地借家人団体関係者が逮捕された。逮捕理由は、家賃支払訴訟事件、滞納家賃棒引き、差押さえ解除、不当立退き料請求に関しての貸主等への暴力行為の容疑である。

・勤労借家人同盟——昭和10年、幹部の西野直蔵、内藤宣治が暴力団狩りで検挙され組織は自然消滅した。

・全国借家人組合——昭和7年11月、同組合争議部長の中田惣寿他組合員9名が暴力行為等処罰法違反で検挙された。中田氏は懲役10ヶ月で出所したが、運動は不振となった。昭和10年の暴力団狩りでは、2支部長を含む数名の幹部が検挙されたが、同氏は、「解散は組合活動を暴力行為視する社会の疑惑を深めるので、しばらく静観する」と述べた。なお東京連合会の活動は有名無実となり、前掲事件による本部移転を機に解散した。

・全国借家人組合刷新同盟——昭和10年6月、常任書記宮地孝作他7名が借家紛争での暴力行為で検挙起訴され、同盟の組織が壊滅状態となり、同年7月解散した。

・戦線統一運動——昭和10年3月頃、借家人団体の戦線統一を目指して東京地方借家人組合協議会が設立された。その中心となった南喜一氏は「反ファッショ勢力」としての結集を目指したが、5月の暴力団狩りで多くの組合運動家らが検挙された。同氏は、「これは従来の（運動に対する）事件屋あるい

は三百（代言）的運動の批判を暴露したもので、大同団結の
意義がなく、世人の誤解を招く」と述べて、同年6月組織を
自主解散した。

　このように昭和7年から10年までに暴力行為での検挙者に
よる組織衰退、解散した団体は主要団体を含む5団体に及んで
いた。彼らは世間からは真面目な住民住宅運動団体というより
も暴力的圧力団体と見なされた。戦前の借地借家人団体はこの
段階にあり、消滅しかけていた。

借地借家人運動団体の変質と衰退

　図1, 図2を見ると、組合数は昭和4年頃をピークに減少を
続け、昭和12年には主要団体の組合員数は激減している。全
国借家人組合、全国借家人同盟、日本借家人組合の三主要団体
の組合員合計数は、昭和10年に1,199名もいたが、昭和11年
に933名、昭和12年には、534名に激減している。逆に国家
社会主義系の団体は、309名から730名と倍増していた。社会
大衆党系は、昭和7年には記録されてなかったが、昭和8年
に7,000名、同10年に7,416名、同11年に6,383名となって
いた。昭和10年から記録され始めた無所属は昭和10年に159
団体で、会員数は16,963名、同11年に159団体、16,524名、
同12年に159団体、18,716名であった。

（同12年末での家主地主団体は78団体、4,875名）。こうした変化を報
告していたのが当時の内務省警保局であった。この頃から警保
局の借地借家人団体の取り扱い方が変化し、彼らの借地借家人
団体観が変化していたと見られる。

警保局の「借地借家人団体観」の変化

　昭和4年の警保局（註1）の記録の「社会運動の状況」を見ると各組合の分類は思想傾向で、「極左、左翼、中間、右翼」に分けられていた。昭和7年から国家社会主義派が加えられ、同8年から単独で社会大衆党、国家社会主義党系が加えられ、同10年からは無所属、地主家主組合も加えられた。

　このように警保局の分類は、昭和8年頃から社会大衆党系を軸に分類し始めていた。昭和12年には、借地借家人団体は思想別でなく、社会大衆党支持の大衆団体として、既存借主団体、例えば全国借家人組合、全国借家人同盟などと、社会大衆党系の東京、大阪などの都市部や地方の13県の借地借家人団体とに分類した。それ以外の団体は、全国農民組合系、国家主義系家と無所属に分けられていた。何故このようにされたかであるが、警保局の借地借家人団体への見方が変化したため思われるからである。

　その借地借家人団体であるが、借地借家人運動の理念に基づいた基本的な活動を怠り、いたずらに経済闘争での過激な運動に走り、教育や宣伝活動を怠り組織を結局衰退させてきたことは述べた。更に昭和10年頃からの役員等の不祥事、検挙による借主団体としてのイメージ悪化の中で、昭和12年の日支事変からの国民的なナショナリズムの高まりと社会大衆党の躍進が重なる。社会大衆党は昭和7年から同12年まで借地借家人団体の間での支持者を着実に増やしていた（図5）。昭和11年の衆議院選挙での同党の躍進は、社会大衆党などの議会での非既成勢力の割合を全体の19%から24%に引き上げた。これは同党の当選者の数の多いこと（図3,図4）から判る。多くの借地借家人の支持を得ていた社会大衆党は野党第一党として、第6

第二章　戦前借地借家人運動の盛衰　27

回党大会で党綱領を全体主義的精神の方針に変え、階級闘争放棄に方向転換する。警保局は、借地借家人の支持の多い社会大衆党を利用して、同党支持の借地借家人団体を中央組織と地方組織に分類し、借主団体を政権寄りの同党支持団体として、昭和13年からの地代家賃統制令の要監視団体として整理統合したとみられる。こうして戦前の借地借家人団体は有名無実の組織としての政府の協力団体にされてしまったのである。

社会大衆党第六回大会での新綱領では、「資本主義を改革して国民生活の安定を期す」としながら、日支事変に際しては、「政府の提唱する建国一致の方針に欣然と参加し、日本民族の歴史的使命達成の聖戦を積極的に支持す」。とした。まさに社会ファシスト化（註2）に転身したのである。

昭和12年12月近衛内閣は、労農派4百名を検挙する第一次人民戦線事件を起こし、日本無産党やその中心支持勢力の日本労働組合全国評議会を結社禁止にした。翌年2月には労農派学者グループを検挙する、第2次人民戦線事件を引き起した。当時の内務省の発表によれば、「日本無産党は労農派の主義主張により、国体変革の意を有することの確証が挙り、その中心目標である反ファッショ人民戦線の樹立はコミンテルン（註3）の新方針と同様まったく共産主義革命への大衆動員する手段方法であることが明瞭となった」とした。昭和13年5月から国家総動員法が発動され、戦時体制の強化のため全ての生産部門、労務、物資、資金、物価、施設を政府が統制下に置いた。更にストライキ禁止、言論出版の統制し国民生活全般の規制を強化した。社会大衆党は、国家総動員法を「画期的国家統制規定」と賛同評価すらしていた。昭和15年7月に、近衛内閣は大政翼賛かを発足させた。併せて膨大な戦時動員抑圧の官僚機関で

ある大日本産業報国会が結成され、戦時体制は確立された。既に昭和14年7月に、多くの労働谷組合、総同盟、日労会議、社会大衆党は解散しており、他の既成政党、民政党などとともに大政翼賛会に参加していた。こうして借地借家人組合は無産政党、労働組合とともに消滅した。政府は、昭和14年に国家総動員法に基づく勅令としての「地代家賃統制令」を発令した。統制令は戦争遂行のため直接的に借地借家人の権利、活動を統制する法律であった。そのため借地借家人組合は既述のように当時は瀕死状態であったが、組織活動を禁止され、自由に行動が出来ない、決められたことのみを行なう「ゾンビ」として生されたのである。社会大衆党はその橋渡し役として重要な役割を果たした。ドイツでも当時の借家人団体はナチス党の影響を受けていたが、1942年、当時の政府よりドイツ借家人協会は土地建物所有者連盟とドイツ居住用不動産連盟との合同を強要されていた。

　両国とも借家人団体は戦争協力団体化を求められていた。地代家賃統制令は、昭和13年8月4日から翌14年10月19日まで賃料は値上げ、値下げなしで凍結する規定であった。昭和15年10月から再施行された地代家賃統制令は、戦時中に安い労働力確保目的に地主家主の契約解約権を制限して都市部に労働者を集中させ、住宅不足からの賃料高騰につながらないためのものであった。統制令は新たに契約される地代家賃も許可統制額とされた。昭和21年に効力を失ったが、同年再制定されて継続し、昭和25年に戦後のインフレ対策のため、新築住宅と非住宅が統制対象から外された。なお権利金授受は禁止されていたが、昭和26年に禁止が解かれた。昭和31年（1956年）に百平米以上の住宅も除外された。しかし、戦前も問題化して

第二章　戦前借地借家人運動の盛衰　29

いた権利金の禁止が解かれたため、地価高騰が始まると、巨額の更新料や地代家賃値上げとともに借地借家人を苦しめた。昭和61年（1986年）12月末で当時の経済発展に合わないという理由で統制令は失効させられた。

「借地借家法改正」は昭和16年に行われた。目的は、戦争遂行中の出征兵士家族（借地借家人）の居住の保護が理由にされた。その内容は、「貸主が更新拒絶するには、自己使用などの正当事由が必要」とした。理由はともかく、こうして地主家主の契約解除権が制限されたことは大きい。支配層は、体制に大きな比重を占めていた地主家主層の封建的権力をも制限してまで、次第に現実味を増していく大東亜戦争の敗戦を回避しようとしたのである。借地借家法の改正による、貸主側に契約解除の正当な理由無ければ、自動的に契約が更新される「自動法定更新」制は現在もなお我が国の借地借家権保護の核心として機能している。また戦前の農村での前近代的地主権力を大きく制限した。

当時の農村は、封建的地主層が支配する小作地は全耕作地の半分を占めて、安い労働力の産業界への供給源であった。小作料は、1940年に全収穫量の半分を占めていたように超加重負担で農村貧困の元凶であった。しかし、政府は昭和17年（1942年）に食糧管理法を制定し、農民層、小作人等から強制的に供出米小作料を買い上げ、小作料は金納化された。小作料の負担は軽減され、昭和20年には18％までに下落し、小作農の増産意欲を高めた。更に地主層への決定的な打撃となったのは、敗戦後の1947年から1950年までの第二次土地改革であった。国が強制的に貸付地一ヘクタール以上の土地を買収し、小作人等に売り渡した。その結果、小作地の八割が地主から解放され、多くの自作農が誕生した。農村では前近代的な地主支配、土地制

度から解放されたが、都会では借地借家人への前近代的地主家主関係は続いた。確かに借地借家法改正で借主の居住権は強化されたが、権利金、更新料等の不当かつ過剰な貸主保護には手をつけられず、残されたままであった。多分当時の支配層は、戦争が終われば地主家主権への制約を元にも戻すつもりで、地主家主権抑制を昭和16年の法改正で行なったのであろう。事実、地代家賃統制令は昭和61年(1986年)に廃止された。借地法、借家法は、平成3年(1991年)に、昭和十六年以降の社会経済的状況の変化に対応するという理由で、借地借家法を制定している。しかし、その内容は、「更新拒絶の正当事由要件の拡大」や「不更新賃借権の創設」など借地借家権を大きく弱体化するものである。敗戦の結果により、支配層、富裕層にとって皮肉な痛手でもあった「前近代的賃借権の改善が進んだ」ことは、今のところは借主にとって単なるタナボタであったと言える。しかし、本当のタナボタにするかどうかは、今後の借地借家人層の動向にかかっている。これまでの既述で読者諸氏は、借地借家人層を取り巻く歴史的状況が少しお判り戴けたと思う。しかし、この先に進む前に、借主層の状況の理解に誤解が無いように少し説明を加えたい。現在、戦後80年近くたつが、私たち借地借家人を取り巻く状況は基本的には戦前と根本的には変わっていない。むしろ複雑、深刻化している。その理由は三つの問題点が解決されないままだからである。

　ひとつ目は、政府行政機関の適正な土地住宅政策の欠如、その基盤となる国民の四割を占める借地借家人をはじめとする「国民の居住権保証、保護を規定する憲法上の法律条文」ですら未だに規定されていないという現実である。二つ目には、欧米編で既述したオーストラリアの借家人団体の役員が述べたよ

うに、広く国民各層にある借主、借地借家人への暗黙の深い差別意識の存在である。借地借家人層は持家層に比べて社会的評価は一段低く、二級の国民として評価され、社会で認められている事態を至急改善しなければならない。

　つまり、表だってではないが、借地借家人は持家層に比べ「二級国民」視されている。もし、あなたがこの意見に反対ならば、参加者が全員持家である集会で「自分は借地借家人であるが、そのことにより持家よりも恵まれていないとは考えない」と述べてみるとよい。おそらく聴取者達全員の冷やかな哀れみを込めた微笑に遭うだろう。何故ならば、彼らの背後には「この国の土地住宅政策に保護されている地主家主層と、それに経済的政治的に依存する、保守勢力、関連業界（不動産、金融業、そして彼らに結びつくマスコミや学会、様々な業界）同様に自分達は不動産所有者層としての強力な立場にある」と確信しているからである。あなたは、彼らにとって持家にもなれない生活力の無い、かって早川和夫神戸大教授が述べていたように「家も持てない甲斐性無し」か、なろうとしない二級国民であり、見下し得る差別の対象だからである。このように借地借家人へ差別意識は、国ぐるみ地域ぐるみの政治的経済的構造の産物であり、個人的意識レベルの問題ではない。次に言えるのは、借地借家人自身の問題意識の低さである。自身の住まいの権利確保を土地建物の購入以外に考える人は少ない。自身の住む権利を守ることが他の国民の居住権を守ることと考える人がどのくらいいるだろうか。いるとすれば、今現在、地主家主に住まいを追われかけているか、奪われる可能性の高い借主か、もしくは借地借家人団体関係者だけであろう。ほとんどの国民が住まいの確保を個人的問題として、政府の政策による他の犠牲者らに、高齢な一人

暮らしや経済的弱者、身障者、外国人、女性、子持ち世帯、貧しい若者の苦しい状況につなげて考えない。こうした無関心な独善主義が借地借家人層への不当不正な権利侵害を政府に放置させている最大の原因である。改革が必要である。「よく言われる持家か借家かどちらかがいいという問い」の回答は明快である。圧倒的に借家が有利である。理由は建物を入手する時の費用と手放す時の費用を考えれば、借家の方が遙かに低額である。また、思いがけない事情で転居する際も、借家の方が費用的に労力的にも有利である。持家は自由に間取りを替えられるからよいと言うが、これからは世界も日本も人口減少の時代になる。余り続ける土地住宅を公的機関が管理して廉価で使用できるようにすれば、個人でわざわざ長年苦労して土地や家を入手する時代は終わるだろう。土地建物を個人が保有する負担から個人が解放されるのである。土地建物を資産として保有する社会的意味や価値は公共資産となることでより深化し、有用となる時代が来る。そのときには土地建物の保有形態にもとづく差別も自然消滅するだろう。

戦前編　参考図表　（図1）　各団体組合員数変動表（名）

	昭和4年	昭和7年	昭和8年	昭和9年
(1) 借家人組合評議会　EL	310 S 4.4			
京都借家人同盟 L	50 S 5.5			
関西借家人組合協議会 L	545 s 4・11			
借家人同盟 L（2）	1,588 t 10	（1），(3)，(4) と s6.4 に合同	-.〉全国借家人組合 2,000	2,700
京都地方借家人同盟　　L	31 (2) と合同 s4 9月以前			
借家人組合全国同盟　L (3)	920 s 3・1	-〉全国借家人組合 戦闘化同盟 490 s7・2		
全国借家人同盟 M (4)	3,000 s7・8		1,000	698
大阪市住宅相互組合　M	4,000 全国大衆党支持		新日本国民同盟支持 370	100
日本借家人組合 R		1,000		467
日本勤労借家人同盟　　s8・4			250	14
社会大衆党系 NS			7,000	5,468

変動表の説明）
―思想傾向　　EL　極左、L 左翼、M 中間派、NS　国家社会主義、R 右翼

―年月　　　　　t　大正　　　　s　昭和
＊不詳部分は無記載。

（図2）　各団体組合員数の変動表

	昭和9年	昭和10年		昭和11年	昭和12年	
全国借家人組合刷新同盟	590					
全国借家人組合	1,400	674		700	447	
全国借家人同盟	698	200		229	81	
日本借家人組合 R	467	325		4	4	
全農全会派系	117	288		223	一） 農民組合系 332	
社会大衆党系	5,468	7,416		6,383	5,955	
国家社会主義系 NS	380	309		638	730	
勤労借家人同盟	14					
各種労組系		405		265	20	
新日本国民同盟 NS	100	141				
無所属	0	16,963 （159団体）		16,524 （159団体）	18,716 （159団体）	

＊参考図表　第一部戦前編　参考資料　〈1〉、〈2〉より作成、国家社会主義系は大日本生産党、皇道会等を指す。

（図3）戦前各政党の衆議院議員数 （名）

1936 ～ 37 年（昭和 11 から 12 年）

	民政党	政友会	社会大衆党	昭和会	新日本国民同盟	東方会	無所属	合計人数
1936 年	205	171	22	25	13	0	30	466
1937 年	180	175	36	19	11	11	34	466

＊資料 「昭和期の社会運動」 近代日本研究会　図表 4 より作成

（図4）社会大衆党議員数の推移 （名）

資料 「昭和期の社会運動」近代日本研究会、図表 6 より作成
「社会運動の状況」、「議会制度七十年史」

	衆議院議員数	府県議会議員数	合計
昭 和 7 年（1932 年）	3	86	89
昭和 8 年	3	71	74
昭和 9 年	3	71	74
昭和 10 年	3	87	90
昭和 11 年（1936 年）	18	135	153
昭和 12 年（1937 年）	36	218	254
昭和 13 年	34	205	239
昭和 14 年	34	202	236
民政、政友会以外の衆議院議員数の全体での割合	90 名／ 466 名―19.31% 1936 年	111 名／ 466 名―23.81 % 1937 年	＊図 3 参照

（図5）　社会大衆党支持団体の変動　（記録在るもののみ）

参考資料　〈1〉により作成

昭和7年（1932年）	昭和8年	昭和9年	昭和10年	昭和11年
日本借家人組合	日本借家人組合	日本借家人組合	日本借家人組合	日本借家人組合
	日本勤労借家人同盟	日本勤労借家人同盟	日本勤労借家人同盟	日本勤労借家人同盟
			全国借家人同盟	全国借家人同盟
		全国借家人組合国	全国借家人組合	全国借家人組合

〈註解説〉　　第一部　戦前編

（註 1）　警保局　（p.27）

　戦前の政府の警察行政全般を管轄する実務の中核部署。社会運動家、共産主義者、無政府主義義者等の情報を集め取り締まる。特別高等警察を含むが、「当時の警視総監以下が社会大衆党に期待を寄せ、警保局は陸軍が求める核心の熱意ある官僚等の拠点であった」とされた。　＊資料　「1940 年体制：さらば戦時経済」野口悠紀雄著。（P.44-55）

（註 2）　社会ファシスト化　（p.28）

　ファシズムとは、国家主義的、全体主義的歴政治形態を指す。社会民衆党の掲げた三反主義のスローガンのひとつとして、無産政党の結集を図ろうとした。しかし、逆に社会民衆党から赤松氏らの国家社会主義者等が離党し、新日本国民同盟も結成された。彼らの国家社会主義は労働組合にも拡がり、日本主義的労働組合が結成された。

　ドイツのナチズムは自由主義、民主主義に反対する、暴力的独裁体制のファシズムを指す。日本では 1936 年（昭和 11 年）の 2.26 事件以後は、軍部が政治的発言力を強め、国家総動員法で全国民を強制的に統制する戦時体制が確立された。

（註 3）　コミンテルン　（p.28）

　国際共産主義運動の指導機関で、1919 年より 1943 年まで存続。1928 年の第 6 回大会で、「社会民主主義は労働者階級の主要敵」として民主主義勢力の結集を妨げ、ナチスの台頭を許した。日本では政府の度重なる弾圧で日本共産党は壊滅し、合法的左翼も社会大衆党のファッショ化には無力であった。

参考資料　第一部　戦前編

「社会運動の状況」（昭和 4 年から昭和 12 年版まで）──〈1〉　内務省警保局

「日本労働年鑑」（大正 9, 10, 12 年版）　法政大学大原社会問題研究所

「特高必携」　緋田　工著──〈2〉

「借地法・借家法」　布施　辰治著　1930 年

「借家人同盟は如何に闘ってきたか」（借家人同盟運動組織方針案、全国組織常任委員会起草、1928 年）

「借家人同盟は如何に闘はるべきか」（運動組織法方針）、日本借家人同盟　1928 年

「借家人新聞」第 10 号　借家人新聞社　1931 年 6 月 8 日

「大阪社会労働運動史」　戦前編第 2 巻　大阪社会労働運動協会

「1920 年代前半の借家人運動」　成田　龍一著

「京都地方労働運動史」　渡部　徹著

「講座現代反体制運動史」Ⅱ　渡部　徹著

「借家問題の理論と戦術」　俵　次雄著

「日本労働組合運動史」　小林　端五著

「昭和恐慌期の市民闘争」　奥田　修二著

「日本社会運動の現勢」　労働事情調査所　矢次　一夫著

「日本の土地、その歴史と現状」　土地総合研究所編集　1996 年

「昭和期の社会運動」　近代日本研究会

「日本労働運動史」　労働行政研究所　山崎　五郎著

「1940 年体制：さらば戦時経済」　野口　悠紀雄著　（p.45-46）

第二編

戦後編

第一章　日本借地借家人連合活動開始時の状況

戦後に引きつがれた戦前の住宅政策、戦後の住宅政策の始まり

　戦前、関東大震災を機に日本の公営住宅政策に「大転換」を
もたらす制度が生まれた。1924年5月、財団法人同潤会が誕
生。震災後の跡地に仮設住宅2,160戸を建設し、木造普通住宅
3,493戸と鉄筋コンクリート集合住宅（アパートメント・ハウス）、
コンクリート共同住宅740戸（不良住宅改良事業）、他に分譲住宅
1,720戸が供給された。これらは、昭和16年に住宅営団に引
き継がれたが、大正期の内務省社会局社会部の資料によれば、
公営住宅は当時全国に12,353戸存在し、戸数の多い順には東
京市　2,940戸、横浜市　2,466戸、大阪市　1,683戸であった。
大阪市は、1919年から1922年までに貸付け住宅4ヶ所、1,225
戸、月賦住宅（16年間以内に代金と家賃を完済すれば所有権となる木造2
階建て住宅）を5ヶ所458戸を供給していた。これらが戦後の日
本の住宅政策に引き継がれた。戦災による喪失住宅は空襲だけ
で265万戸あり、戦後、全国で420万戸の住宅が不足してい
たと言われる。この住宅不足を補う制度、施策が至急必要となっ
ていた。

1950年（昭和25年）に、住宅金融公庫法により、住宅金融公庫が設立された。翌51年には公営住宅法が制定された。戦前の住宅営団（同潤会）を参考に1955年7月に日本住宅公団が設立され、都市郊外に大規模団地を建設した。1921年に解散し、日本住宅は現在都市再生掲機構となったが、1955年から2006年までに分譲住宅約67.8万戸を供給している。1965年に国や地方公共団体による住宅分譲、賃貸住宅の供給、管理をするため地方住宅供給公社を設立した。公社は令和4年現在で、32公社、約百万戸の住宅を管理している。また約58.8万戸の分譲住宅を2019年までに供給していた。日本住宅金融公庫は2006年までに、1,941万戸の住宅、戦後の全建設住宅の三割に融資してきた。

これらの諸機関が政府の持家、借家政策を支えてきている。その結果、持家は1,316.4万戸、分譲住宅が953.9万戸、合計で2,270.3万戸、賃貸住宅1,644万戸合計3,914.3万戸（給与住宅を除く）の住宅が建設され、昭和43年（1968年）に一世帯一住宅が実現し、持家率も昭和49年に59.2％であったが、昭和53年（1978年）以降は60％台に終始している。当然、土地所有者数は急増した。

昭和35年から36年の高度経済成長期に民間企業の設備投資拡大により、次いで日本列島改造ブームで昭和47, 48年の都市部への人口集中と土地投機により、更に昭和60年代始めの東京都心部の業務用地需要の増大で投機的土地取引による商業地を中心とした異常な地価高騰を招いた。高騰の始まった昭和60年11月に借地法、借家法の見直し作業に関する各会の意見をまとめ、「借地・借家法改正に関する問題点」が法務省からは発表された。政府が地価高騰には根本的な改善処置をと

らず、むしろこれを機に借地権・借家権の弱体化を図る法改悪に乗り出した事実を忘れてはならない。

日本共産党の武装蜂起事件

　1950 年（昭和 25 年）1 月、コミンフォルム（共産党・労働者党情報局、第二次大戦後の国際共産主義運動の拠点）は、日本共産党の平和革命路線を批判し、武力革命行動を要求した。日本共産党はこれに 1952 年綱領で呼応し、武装蜂起、軍事行動を日本国内で展開した。全国で警察官の殺害や争乱を引き起した。1952 年には 4 件の警察官襲撃、殺害事件を起こし、4 件の騒乱事件を起こした。しかし、何故か日本政府は、この暴力革命団体を解体せず、今日も要監視団体のまま残している。

　日本共産党員による犠牲者の出た事件、騒乱は以下の通りである。いずれも 1952 年、昭和 27 年）
　①警察官襲撃殺害——警察官 1 名殺害、札幌 1・22 ／警察官数名負傷　長野 2 月／警察官 1 名死亡　5・30（板橋交番襲撃）
　②騒乱事件——東京（メーデー事件）死者 3 名　負傷百名、検挙百名 5 月／吹田騒擾事件　46 名逮捕 6 月／新宿暴動事件　6・13 ／大須事件　死者 7 名負傷 84 名 7 月

　日本共産党は「1955 年の第 6 回全国協議会で武力闘争方針を破棄した」と発表した。しかし、国民の同党への不信は根強い。作家立花隆氏は、著作「日本共産党の研究」（1983 年）」の中で「日本共産党は本当は暴力革命を狙っているだろうか？」と問いかけをした新聞社の世論調査の結果を記述していた。答えは 25% が「イエス」、「わからない」が 23% もいた。事件が

第一章　日本借地借家人連合活動開始時の状況　43

起きてから31年もたっていても、国民の同党への不信感はあまり変わらなかった。こうした情勢を無視するかの如く、日本共産党は1967年に東京借地借家人組合連合会、1968年に全国借地借家人連合会を立ち上げている。彼らは、戦前の借地借家人団体が左翼闘争にのめりこんだあげく、暴力行為で検挙され国民の信頼を失い、消滅した事実に真摯に向き合っているとは思えない。

借地借家法改正施行さる （1966年、昭和41年）

借地法、借家法が改正された。借地条件変更、増改築禁止特約、賃借権譲渡について賃貸人に代わる裁判所の承諾制度、(非訟手続き) 新設、地代増額請求時の暫定地代支払い、精算の規定、不動産鑑定委員会についての規定が定められた。借家法では、内縁関係の借家人にも相続権を認めるとした。

借地の建物の増改築承諾については、巨額の金銭が貸主に支払われることとなり、建て替えが容易化した代わりに、権利金、更新料のような何ら正当性のない金銭授受事例を拡大補強し、土地価格高騰により高額化した賃料とともに賃借人を苦しめていた。

日本借地借家人連合の前身組織の結成

1980年（昭和55年）9月21日、「墨田借地借家人組合・江東住まいを守る会」の創立総会が開催された。当時の本会連絡ニュースによると、新役員は髙島一夫専務理事、常務理事5名とそのほかに監事、会計などの9名で15名が選出された。事務所は墨田区東駒形、名称は1993年に東京東部借地借家人組合連合とし、1997年に日本民間賃借人協会、2004年10月の

第10回定期総会で日本借地借家人連合に改称している。また、本会規約第二条に「土地住宅問題の根本的解決を目指し、」の後に「不偏不党の立場で」を加えた。本会は、いかなる政治組織に属さず、自主独立の立場で活動する、住民主体の民主的な借主団体であった。

借地法、借家法改正の動きに対応して

1990年当時、政府は借地借家法改正の最後の作業を続けていた。本会は墨田、江東、江戸川、葛飾区の各区議会に「地代家賃統制令廃止に関する陳情書」を提出したが、1989年9月上旬には、「借地法・借家法改正要綱試案に対する意見書」を法務省に提出した。意見書の内容は、「借地借家人の権利保護は強化すべきであり、緩和すべきでない。試案は賃貸借関係者の利益擁護と称して、現実の企業の利益増大の要請に応えるためのもの」と批判した。また本会は1990年9月28日付で、奥山墨田区長の本会議場での発言に対して、「奥山区長の問題発言の是正要求書」を送付した。1990年9月17日、当時の奥山墨田区長は、「借地借家の権利保護は強く活力低下を招いている。社会の発展に障害があれば是正が必要である。」と発言した。要求書内容は、「墨田区長の発言は何ら根拠もなく、借地借家人を一方的に誹謗中傷するものであり、発言部分の全面撤回を要求する。」という趣旨であった。しかし、同氏よりは未だに何の回答を送られてこないままである。問題は法改正に関するものだけでなかった。

日本共産党の某関連団体の機関紙に「更新料に関する飛んでもない記事」を発見し、その真偽を確かめるため、1992年（平成4年）4月30日付けで同党中央委員会に宛てて、「更新料の

第一章　日本借地借家人連合活動開始時の状況　45

公的扶助に関する公開質問状」を送付した。以下の文章は、「機関紙赤旗に掲載された、更新料公的扶助に関する同党関係者の発言」に対する、本会の質問とそれに対する同党中央委員会の回答内容である。

「日本共産党中央委員会に対する、本会の第一回公開質問状」

（質問とした要点は次の3点である）

①更新料を公的扶助として助成すれば更新料請求をめぐる紛争の増加に繋がると考えない理由は何か?

②更新料公的助成は貸主側の更新料請求の背景にある前近代的意識の温存であり、民主的な住民運動への障害となると考えない理由は何か?

③更新料の公的助成を更新料請求の正当性に関する国民間の意見の対立する中で推進する理由をお聞かせ下さい。

上記質問に対して同党中央委員会から書面で回答が来た。その要旨用紙は以下の通りである。

①公的助成されないので、更新料支払いを拒否すれば、契約書に更新料支払い約束があれば、それを理由に契約解除される紛争となり得るため、支払いを拒否すべきでない事例がある。

②更新料の公的助成は生活困窮者（生活保護受給者を指すと思われる）の救済で更新料支払いと矛盾しない。

③更新料支払いで、建物朽廃や低賃料からの裁判による借地人を契約解除事例から救済できるので更新料を法律で禁止すべきでない。

本会は、上掲回答書には納得しがたいとして、反論をかねて第二回目の公開質問状を送付した。その内容は以下の通りである。

「日本共産党中央委員会に対する第二回公開質問状」
①支払い約束の記載された更新料支払いを拒否すると、裁判化されて契約解除の恐れはありうるが、多くが契約時に予め支払い約束が記載された借地契約書での調印を求められ、借地人が賃貸借を切望していたら調印を拒否することは極めて難しい。これが更新料請求の法的禁止を求める大きな理由である。中央委員会の論理は、いわば生存生活の場を必要とする借主の弱みにつけ込む悪徳商法的やり方の公認である。
②借主の居住権保護の名目で、法的根拠のない更新料を生活保護受給者に負担させるのは彼らへの差別である。更新料の公的助成が、更新料反対運動に重大な打撃を与えていることは否定できない。しかし、本会は更新料支払い約束を記載されていても、その代替案による支払い回避に務めている。本会は更新料支払い約束を増改築承諾料や賃料値上げに変更させ支払いを回避している。しかし、建物朽廃に近い借地権を継続させる提案事例は経験していないし、こうした請求に応じる地主は考えられない。何故ならば朽廃状態ならば、明渡し裁判すればただ同然で貸地を回収できるし、借地人側も高額の更新料を支払い、その後すぐに契約解除を迫られるに違いない契約をするとは考えられないからである。

　日本共産党中央員会は、本会の第二回目の公開質問状への回

第一章　日本借地借家人連合活動開始時の状況　47

答は未だにされていない。また、本会は東京借地借家人組合連合会に「更新料の公的扶助反対すること」を求めたが、同連合の回答は、「今は更新料の公的助成に反対する時期でない」という意味不明の回答であった。

東京借地借家人組合連合会の本会組織破壊工作事件と、同連合からの退会

1995 年 1 月 19 日、本会は本会の A 前組合長に対し本会の旧名称（「墨田借地借家人組合」の使用中止を求める通知書）を送付した。A 氏は日本共産党の古参党員で現在既に死亡しているが、同人は本会役員への暴力行為の規約違反で既に除籍されている。同人は本会が正式名称として使用していた「墨田借地借家人組合」を無断で使用し 1995 年（平成 7 年）、「墨田区のお知らせ」に「借地借家無料相談会なるものの開催予告」を掲載した。本会の旧名称使用禁止の通知に同人からは何の回答も得られなかった。1995 年 2 月に、本会に対する分裂工作を意図したと思われる、破壊活動を行なった、東京借地借家人組合連合会の B 専務理事に対して質問状を送付した。

問題が発覚したのは、東京連合会が同会の機関紙 1994 年 12 月 15 日号に掲載した記事による。その記事には、「江東借地借家人組合定期総会に墨田借組（墨田借地借家人組合）の責任者が参加した」とあった。しかし、同総会には本会は誰も参加しておらず、墨田借組と名乗る団体はこれまで東京連合会に参加していると見聞きしたことのない組織であったので、東京連合会の B 専務理事に対して、「これまで聞いたことのない墨田借組とは何を、また責任者とは誰を指すのか」を明らかにするよう通知書を送った。しかし、何の説明の無いまま、同年 4 月 11

日付でB専務理事より、「同連合会理事会決議により東京東部借地借家人組合（正しくは東京東部借地借家人組合連合）を規約違反により除籍する」という通知が来た。本会は直ちに、「除籍通知無効確認および、謝罪請求の通知」を同連合会宛に送付した。しかし、同連合会からは何の回答も来ないため、同年6月まで静観の後、1965年6月27日付で本会理事会決議に基づき同連合からの退会を通知した。同連合の一連の本会への破壊活動は民主的組織の範疇を逸脱するばかりか、組織人としての誠意の全く感じられない非常識極まりないものであった。

借地借家法改正法成立施行

1991年9月10日、衆議院法務委員会で自由民主党、公明党などの賛成多数で借地借家法案が賛成多数で可決成立した。1992年8月1日から施行されている。その内容についてはこの後で詳しく解説する。

国際借家人連合（IUT）に加入、その他

2000年（平成12年）1月24日、本会は国際借家人連合に参加した。

2004年6月13日第11回定期総会で本会名称を「日本借地借家人連合」と改めた。同年3月には、東京都議会が、「賃貸住宅紛争防止条例」を可決。これに合わせて「賃貸住宅トラブル防止ガイドライン」が発表された。

2007年5月、筆者が「世界の借家人運動」を出版。筆者は、国際借家人連合への参加団体の代表として日本の実状を報告するため、2007年9月の同連合のベルリン総会（9・20-23）、2010年チェコ・プラハ総会（10・1-3）、2013年ポーランド・クラコ

フ総会（10.24-28）に参加している。

　2010 年 4 月に借地借家権関連の民法改正が行われた。「敷金の定義、賃貸住宅原状回復の範囲、程度の明確化」がされている。2023 年（令和 5 年）3 月には、「原状回復をめぐるトラブルガイドライン　令和 5 年版」が国土交通省から発表された。

第二章　日本借地借家人連合の組織活動

A　日常活動

(1)　調査——紛争関連事情、資料収集

(2)　文書作成関連——内容証明書・通知書、調停・裁判資料作成及び送付

(3)　対貸主、同代理人等との交渉、合意書。契約書等の作成

(4)　事務所相談——文書、電話、インターネットを含むが、直接面談が原則

(5)　調停・訴訟対応——資料作成と会員と裁判所の同行指導支援、顧問弁護士紹介
訴訟中の相談

(6)　供託実務——供託書作成、提出支援

(7)　会計実務——会費月額 1,200 円、加入金 4,000 円と供託手数料、寄付金のみで運営

(8)　定期刊行物作成・送付（月刊機関紙、現在 540 号）

B　借地借家問題講座・無料相談会

講座相談会は都内各区の公的施設を会場に参加者向けの易しい借地借家法の説明をした後で、無料の個人相談を実施した。説明の中心は、更新料、賃料値上げ、明渡し、地上げなどの実情報告と対応策であった。

〈講座相談会の実績〉

1986 年（昭和 61 年）より 1999 年 5 月までの 13 年間に、200 回以上の借地借家問題講座・無料相談会を開催している。開催地は、墨田、江東、江戸川、葛飾、台東、中央、千代田、文京の 8 区。手配り、新聞折り込みで配布した宣伝ビラ枚数は 86 万 1,649 枚、講座相談会参加者数 3,969 名講座相談会は本会のボランティア参加の役員数名が担当した。

講座参加しての入会者数者（1987 年から 1990 年）は 279 名で、198 名が借地人、81 名が借家人であった。紛争事例は、地上げ 76 名、借地、借家更新料 66 名、地代家賃値上げ 53 名、その他 20 名。借家人は借地人の約半数であった。

2014 年本会の借地人 24 名に行なった「供託に関する実態調査」の結果は以下の通りである。

＊供託期間――15 年以上が半数を超え、10 年以上が 8 割、最短 1 年 10 ヶ月。

＊固定資産税、都市計画税合計額への地代比率　3 倍未満 8 名、3 から 4 倍以下が 2 名、4 倍以上 14 名。最高倍率は 7.19 倍。供託した理由は、地上げ 16 件、更新料 10 件、地代値上げ 10 件、その他 3 件。

C　陳情請願活動

本会は 1986 年から 1988 年にかけて墨田、江東、江戸川区、葛飾区議会に三通の陳情書を提出した。うち三件が採択された。

＊「地代家賃統制令失効に関する陳情」　1986 年 6 月、江戸川、葛飾区議会:

＊「借地借家法改正審議に関する陳情」　1987 年 2 月、江東区

議会

＊「老人向け賃貸住宅建設促進に関する陳情」1988年6月、江
戸川区議会

D　借地借家法改悪反対運動

　政府は借地借家権弱体化の方向での改悪を目指していた。そ
のため持続的改悪阻止の闘いが必要で、1980年代から、私た
ちは各地で法改悪反対集会、借地借家問題学習会を開催し、改
悪反対を呼びかけてきた。運動には本会会員を含む都内の各借
地借家人団体、住宅団体が参加した。

＊1985年（昭和60年）11月15日　「借地借家法改正シンポジュウ
　ム」、日本住宅会議主催:神奈川県民ホール　法改悪反対署
　名簿の本会会員分3千名分を法務省に提出した。

＊1985年9月に、JR小岩、亀戸駅頭で本会役員数名が法改悪反
　対のビラを配布した。9月8日「法改悪反対都民集会」に451
　名参加、東京駅から約200メートルをデモ行進した。

＊1986年4月13日「借地借家法改悪反対大集会」　日本教育会
　館、750名参加。閉会後お茶の水駅までデモ行進した。本会
　は1986年以降、各地での講座相談会でも法改悪について解
　説し法改悪反対を訴えた。

＊1986年6月3日「借地借家問題大講座」　曳舟文化センター
　田中英雄弁護士　＊1989年8月15日「借地借家問題学習会」
　亀戸勤労福祉会館　榎本武光弁護士　＊1990年10月20日
　「借地借家法改悪反対決起集会」　日比谷公会堂　参加者約
　500名

（借地借家法改正悪反対のデモ行進）

第三章　日本借地借家人連合の紛争処理活動

(1) 更新料問題

(裁判判例)

＊借家更新料不払いで法定更新を認めた判例（平成9年1月28日東京地方裁判所）

・借家更新支払い合意規定を有効とした判例（平成13年、2011年7月15日最高裁判所）

〈判決理由〉

　借家更新料は「賃料補充・前払い」、「契約継続の対価」とされ、一定地域での支払い事例が少なからず存在し、公序良俗に反しない。支払いに関して当事者間で情報力、交渉力に格段の差が無い。家賃2ヶ月分は賃貸借期間に照らし特に高額ではない。更新料行条項が賃貸契約書に具体的活明確に記載されていることから、同規定を有効とする。

＊借家更新料支払合意規定を無効とする判例（2009年8月27日　大阪高等裁判所）

〈判決理由〉

　借家更新料の「家主の更新拒絶権放棄の対価、借家人の賃借権強化の対価、賃料補充の性質」説を否定し、対価性の乏しい金銭給付とする。更新料についての合意は信義則に反し、消費者の利益を一方的に害するとして、支払い合意規定を無効と判決した。

（本会会員の本会顧問弁護士による更新料訴訟判例）

1）「借地更新料支払いの慣例はないと支払い請求を退けた」判例（2013年10月30日東京地方裁所）

〈判決理由〉

借地人Kさんが地主と更新料請求額に合意がないまま法定更新したため、法定更新後に更新料を支払う慣習はないと支払い請求を否定した判決。

2）地代値上げを一部認め、借地更新料請求は社会的慣習でないと退けた判例（2002年1月24日東京地方裁判所）

〈和解内容〉

墨田区立花の借地人Nさんは、2000年に地代一割値上げ、借地更新料2,041万円の支払い請求を受け、拒否して訴訟となった。判決は地代が鑑定書通り9.9%アップだが、更新料支払いは社会的慣習でないと全面的に退けられた。

3）借地更新料請求を否定しての和解成立（2006年3月千葉地方裁判所）

千葉市の借地人Bさんは、坪当り18万円もの借地更新料を請求され、拒否して訴訟となった。2009年3月に和解が成立した。内容は更新料請求却下の判決。

4）借地更新料請求裁判で話し合いにより、更新料を増改築承諾料に変更させ和解した。（1997年東京地方裁判所）

5）1997年6月、墨田区八広の借地人Gさんが借地30坪に更新料460万円を請求された調停を打ち切らせたところ訴訟となった。訴訟では話し合いで、更新料でない建替え承諾料200万円（鉄骨建築可能）に変更させ和解した。

（本会役員による更新料紛争解決例）

1）1990年、地主が江戸川区南小岩で借地人の区に対する私

道工事助成金の申請書に押印を拒否した。理由は借地更新料支払い拒否のためで、本会役員が区役所と交渉し解決して工事を完成させた。

2) 1997年江東区の大島の借地人5名の借地更新で地主代理人の不動産業者と交渉し、更新料請求を建替え承諾料に変更させると合意して解決した。

賃料値上げ、日照権紛争と明渡し請求問題

1988年、江東区福住の借地14世帯への地代倍額引き上げ要求に対して、地主と交渉し撤回させた。

また、その中のMさんら契約書に路線価格の値上り幅に応じて値上げするとあったため、Mさんの地代が近隣地代の倍額以上となるため、引き下げ訴訟を起こした。1994年に新たな地代計算式を決めて、倍額値上げを3年前の地代に戻すことで和解した。借地借家法施行の直後から、大幅な賃料値上げ紛争が頻発した。老朽貸店舗家賃の四割値上げや家賃倍額引き上げの相談が本会に寄せられた。1991年春に地代二割値上げ、家賃三倍値上げ要求紛争も起きていた。1991年の地価バブル破綻後は固定資産税等は緩やかな上昇を見せていた。しかし、長期にわたり国民の平均年収の割合は下落したため、2000年の国民平均年収を100とすると、2018年には93にまで下降していたが、高額地代は引き下げられないままであった。

役に立たない法律に住民が立ち上がった!

日照権は、ほとんどの建築業者が建築基準法を盾に、高さ引き下げ要求にはまず譲歩しない。そこで本会はやむなく被害者への金銭補償に切り替えての交渉を行った。1984年(昭和59年)、

墨田区東向島で 12 階建てマンション建設計画の住民説明会が開かれた。建築主は地元の大地主であったが、工事を請け持つT興業はこれで済んだとばかり、住民との交渉に一切応じようとしない。そこですぐそばに本会役員が住んでいたので、近隣住民 64 名を集めて建設反対の住民集会を開いた。国の法律が住民を守らないなら住民自身で守ろうと話し合った。当時、向島近辺はほとんどが中低層の建物であった。二階建ての家のすぐ近くに高層の建物が出来れば、日当たりは悪くなり、冷暖房や光熱費が増えて、そこに住んでいる限り、高いままである。通風の悪化や湿気の被害と健康への影響もあり得る。本会は交渉では建物の建築階数の引き下げ、被害住民への金銭補償を求めた。しかし、業者は容易に要求に応じる姿勢を見せないため、「地主某の高層マンション建設絶対反対」のポスター十数枚を地主の自宅周辺に張りまくった。すぐにT社から「住民代表と会って話し合いたい」との連絡が来た。そこで、本会役員と住民代表者数名が都心にあるT社の本社ビルに胸に「日照権を守れ」のゼッケンをつけて乗り込んだ。交渉の結果、建物階数を一階下げることと、予想される被害住民に補償金総額千二百万円を支払うことで合意し、工事協定書に調印した。補償金は建物のからの距離と日影図で被害程度の順位を分け、比例按分して被害者間で分けた。しかし、被害がほとんど無い人もいたため、協力者として近くにある料亭で全員参加費無料の慰労会を開催し全額使い切った。なお本会は一円の謝礼も受けとらず、全員何の問題も無く円満に解決できた。

不動産業者がカナダ人2青年を
ヤクザ映画さながらの暴力的イヤがらせで追い出す

（品川区西五反田）

　2005年6月頃から恵比寿の某不動産業者が、5階建ての所有ビルを解体処分するために居住していた住民の追いたてを進めていた。同社の社員2名が最後に残った2名のカナダ人借家人に立退きを要求した。借家人宅を夜間突然、訪問し大声で怒鳴り散らし、あるいは脅迫めいた英文を残していた。理由は言葉が通じないため暴力的嫌がらせで追い出しにかかったもの。衛星放送用のアンテナをねじ曲げて壊し、エレベーター、廊下の照明の電源を切って使えなくしたばかりか、空室のドアを全部外して立てかけておく。本会に英文メールで相談が来たのはこの頃であった。彼らの話では、業者の社員には「すぐに出られないから少し時間をくれと言った」が、社員等は彼らが居座りを決めこんでいると判断したためらしい。そんな或る日、突然、カナダ人のJさんを勤務先の語学学校の前で不動産会社社員等が待ち伏せして、父兄や生徒の面前で彼の腕をつかんで無理やり車に乗せて拉致しようとした。同氏が必死に相手の手を振り切って逃げ、問題はそれ以上にならなかった。興奮した同氏の電話での「これからどうなるか不安」と言う話を聞いた時に潮時だと思った。というのは、警察や都住宅局の話では、「刑事事件になるまでこの件に関われない」という」回答だったからだ。本会はただちに同社社員と条件を交渉し、「7月末まで、二週間以内に立ち退くこと、立退き料は一人200万円、日英文の立退き合意書を作成すること」とした。J氏の他の借家人はすぐにも出たかったらしく、2, 3日後に立退き料150万円をもらい立ち退いて行った。数日後、本会役員とJ氏はJR恵比

寿駅の近くの小さなビルの二階事務所に行く。そこには、いかにもの風体の元格闘家風の社長がいた。相手は本当に悔しそうに私たちをにらみながら無言で金の入った封筒を寄こした。私たちは早々に立ち去ったが、近くの喫茶店でJ氏からお茶をご馳走になり、そのまま少し話をして別れた。本会は、彼らからこのお茶以外費用は一円ももらわなかったし、もらえなかった。彼らのこの国への印象は多分最悪であっただろう。本会は、ただちに同社社長宛に厳重抗議の警告文を送った。

地上げ屋の老朽長屋取壊しを支持した近隣住人が
手にした素敵な贈り物

　地上げ紛争を耳にしたのは1980年代からで、最初は江東区深川の関東大震災の焼け残りの超老朽ハモニカ長屋、木造二階建ての六軒長屋の二棟で、半分近くが空き家の住人からの連絡であった。住人の高齢女性からの助けを求める電話で早速現場に行って驚いた。六軒長屋一棟の三分の二が辛うじて残って、後は廃材の山となっていた。二棟の壊し方も出て行かせるためにわざと乱暴に壊したのか、剥がれかけた壁板が建物のあちこちからブラ下がっていた。空地の片側にはもう一棟の解体し残した階段部分だけがデーンと放り出されていた。老女が言うには「昔から住んでいるのは年寄りばかり七世帯。恐ろしい男の連中が毎日大声で出て行けと脅して回る。怖いから鍵をかけて電気も消して居留守の振りをしてきた」という。「それじゃまるで戦争中の灯火管制ですね」というと「そうじゃ、あの頃はビィー29が来てたが、今は地上げ屋じゃ。でも隣のジィサンは金もらって出て行ったが、お前らはいくら頑張ったって一円ももらえず叩き出されだけだ」と悪たれついて出ていったよ。」

そこで本会は、彼女に残りの住民に立退き料で解決する意思が
あるかを聞いて来てもらうよう頼んだ。建物は元々老朽化がひ
どかったのに乱暴に解体したため、少し大きめの地震が来れば
建物が潰れる可能性のある危険な状態であった。数日後、池袋
の地上げ屋の事務所にひとりで行った。結果は、立退き条件一
人200万円、支払いは現地で現金払い、立退きは2,3週間以
内とした。現地と言っても残った空き家で、解体途中の家具ナ
シ、畳ナシの床板だけの巨大な木の空箱。一番乗りの元職人が
言った。「何でぇ、こんなところでするのか。もっとましな処
なかったのか。向島の料亭に一席設けるとか」と飛んでもない
ことを言う。そもそもこのオッサン、料亭に行ったことがある
のかと思っていたら、地上げ屋が私の方を見ながら言う。「そ
れでもここは宮本顕治先生のアバシリ別荘よりはましですよ。
何しろここには鉄格子がありませんからね。ヒィヒィヒヒーッ
ッ」。この男の知り合いにミヤケンのムショ仲間でもいたのか
と思っていると、地上げ屋は続けた。「昨日一番先に出ていっ
たジィサンがきて、なんで一番に出たのにみんなより50万少
ないんだという。嗤って追い返したが、奴っこさん落ち込んで
た」。他の住人も次々やって来て黙って金を受け取り帰っていっ
た。残った地上げ屋の男がつぶやいた。「いつも食べに行って
た近所の蕎麦屋の大将があんなみっともない腐れ長屋、ニィさ
ん方のお蔭で取り払われてなくなる。これからはここら辺もこ
ぎれいな街並みになるって喜んでた。でもきれいになるのは確
かだが、建つのはラブホなんだけどいいのかなあ」

地上げ屋が「地主」になってやってきた！
「地上げ」とは、本来の借地、借家紛争とは異質の紛争である。

第三章　日本借地借家人連合の紛争処理活動　61

始まりは1980年代から90年代にかけての土地価格暴騰期に、地元の大地主が相続税対策のため、借地人に底地買取りを迫り、あるいは住んでいる借家人全部を追い出して土地売却しようとしたことから始まった。その際に地主に依頼された怪しげな不動産業者、土地ブローカーが借地人、借家人宅を突然、訪問し、自分達がこの土地建物を買い取った、あるいは地主の代理人だと述べて、底地の巨額買取りや、建物明渡しを暴力的な威圧を加えて、無理矢理買わせようとした行為であった。

本会は借地借家人に居住権を擁護する立場から、彼らの暴力的な行動には断固容赦せず闘う立場である。しかし、普通の市民で、彼らのような暴力団まがいの連中と充分やり合える人はほとんどおらず、また高齢者の人生経験で対処できる、容易な相手でもない。本会は、そこで、まず借主の利益優先の立場で、多少の妥協、不本意な譲歩もする覚悟で臨んだ。その結果、地上げ屋の不当な威圧をはねのけながら、借地借家人を団結させて不当な押し売りや条件をのまないように指導しつつ、借地人の立場からは底地買取りは将来処分しても収益を上げうる地価上昇が続いている状況なので、可能ならば底地を買い取りたい借地人は少なくはないとすぐ判った。そこでまず地上げ屋に警告文を送り、今後の借地人宅に本人からの要請なしの訪問を禁止すること、また威嚇や嫌がらせを全面禁止し、必要ならばしかるべき措置を執ると警告した。また借地人を集め底地買取り価格の相当額を教えて、地上げ屋と値段で合意できたらば買取ってかまわないと伝えた。本会は地上げの相談では一切費用をとれないし、相談者も買取り目的が多く会員にならない。そこで、「本会は底地買取りなど借地借家権保護に関係ない仕事のお手伝いは一切致しません」とテレビドラマの、「ドクター

Xの大門未知子先生」を見習っていた。しかし、地上げの相談には現地で借地人全員を集めて説明し、必要ならば地上げ屋に警告したり、不安になっている借地人らの相談に応じていた。それでも、問題が起きれば、地元の警察署や都の住宅局に出かけ、地上げ屋による被害を訴えた。

1983年の暮れから墨田区錦糸の借地人5名の自宅に土地ブローカーの大和興産社員が来始めた。

借地人のSさんは6ヶ月に渡り、底地を買い取れとおどされていた。都の住宅局は「相手が不動産業者でないので処分できない」と言うばかり。そのうち、Sさんは社員から自宅玄関前で「いつまで底地を買取らないとこういうことをする連中が来るよ」と首を絞められた。当然すぐに本会役員は本所警察署に加害者逮捕を求めたが、「警察は民事不介入」と称して捜査すらしてくれなかった。警察は当てにならない」とSさん等は本会にも連絡をして来なくなった。多分地上げ屋の言う高額な値段で底地を買わされたか。他の借地人に同様であったが、なかには買い取れないからと地主から雀の涙の安い立退料をもらい出て行った人もいたと聞く。1985年に、江戸川区小岩で東和技研社が老朽借家の五軒長屋を買取り、明渡しを拒否されると、同社は他の業者に転売し、1991年には、その業者が家賃四割値上げ請求の調停を起こしてきた。借家人は全員団結してこの調停を不調で終わらせた。86年6月に小岩の借地12世帯に地上げ屋の国土計画社（大和興産関連社）社員2名が底地買取りを求めて昼夜を問わず回る。「買わないとここに住めなくなる」と脅し文句を並べて行った。本会は直ちに同社社員2名を会員宅に呼び、全住民の前で彼らに通告した。「全員買取り拒否、今後近隣立ち入り禁止する」。しかし、彼らはすぐに「住

民の私道での下水道工事の掘削を認めない。」と通知してきた。
国土計画社は、既に前地主の所有の付近一帯を買取り所有権登
記していた。同年6月、本会は住民代表とともに、東京都住宅
局に行き、同局課長と同社処分を求め交渉した。今回は一部住
民が勝手に行なった地元共産党都議の口添えもあり、普段は顔
も見せない課長が出て交渉に応じてくれた。まもなく都から同
社に対する厳重処分が下された。処分の内容は、「今後は小岩
地区での同社営業活動の凍結、私道掘削を認める」というもの
であった。87年3月には、国土計画社は墨田区墨田の借地十
数世帯の土地を買取り、地代四倍値上げの請求とともに底地の
買取りを迫ってきた。このほかに墨田区向島や墨田でそれぞれ
10世帯以上が地上げに遭っていた。1988年4月には墨田区区
京島で借地25世帯から地上げ相談の要請が来ていた。本会は
それぞれ、現地の住民を集め、地上げの情勢を説明し対策を指
導した。江東区亀戸に1990年秋に、地上げ屋飛鳥地所の社員
（大和興産元社員）が現れた。彼らが言うには、「借地は全部自分
らが買ったので、坪当り百万から百五十万円で底地を買っても
らうが、買わないと他所に売り飛ばし、住めなくする」と、半
年以上地代を取りに来なかった地主に代わり脅してきた。早速、
全員が本会に入会し、同社に「購入希望者のみ交渉に応じる」
と伝えて自主交渉させた。しかし、「坪百万円は、通常の底地
価格の2,3倍に当り、最初に買う価格が基準になるのでお互
いにはよく連絡しながら価格交渉するよう」伝えた。1991年、
墨田区向島の借地17世帯に地上げ屋サンパレスが底地買取り
を要求。拒否されるや、幅4メートルの私道の中央に高さ1メー
トルの鉄柱を立てて住民の通行を妨害した。すぐに車両の通行
妨害だと仮処分を申し立てて撤去させたが、今度は買った住宅

地の空地に巨大な鶏小屋を建て数羽を飼い出す。鳴き声、臭気、糞などで近所迷惑行為を始めたため、向島保健所に苦情を持ち込んだが、「鶏が数十羽なら問題だが、数羽では数が少ない」と動こうとしない。この地主になった地上げ屋は地代を三倍の値上げ請求したため、本会が借地人全員の地代を現行地代のまましばらく供託に行っていた。借地を買い取らない5名が借地を手放し引越し、残り全員が底地価格を交渉して買い取った。その他の土地での地上げで買わず、地主に受領拒否された借地人4名の地代は、本会が本人に代わりに地主に送付しているが、三十年たっても問題は起きてない。一件だけ買取り交渉の失敗例がある。借地人が「老朽建物を建替えてくれたら買い取る」と建て替えさせたが、建物は半年もたたずにタテツケが悪くなり、一年後には傾きだした欠陥住宅だった。素人交渉の怖さである。

　地上げ屋が去って三十年振りに或る現地に行く用事があり行って見て驚いた。そこにある家々には見知らぬ名前の表札がかかって、前の住宅も建替えられていた。底地を購入した住民等は土地を売却し、それを老後の資金にしてか、ほとんどが移転していた。住民も入れ替わり見知らぬ同士になっていた。

地上げ紛争で暴露された現実

　地上げが終わると、大地主は巨額の相続税を免れ、地上げ屋も金を手にしたが、多くの借地借家人は脅されながら、無理矢理大金を払って底地を買わされ、あるいは少ない立退き料で立ち退かされただけであった。このように、現行民法の「所有権絶対性保護と大地主、悪質土地ブローカーがいる」限り、借地借家人に対する地上げや、それに類する犯罪的行為はなくなら

ないだろう。地上げは 1990 年代も続き、江東区亀戸、大島に各一ヶ所 10 世帯程度の地上げが続いた。なお、底地買取りを拒否し、本会会員になる者は少なく、ほとんどの借地人が底地買取りで無理してまで土地付家持ちになろうとした。政府が国民に住む権利を保障しないため、個人が自力で住まいを確保している日本では当然だったかもしれない。なお地上げの紛争のお蔭で判ったことが二つある。1983 年頃の事件で地上げ屋に底地買取りを拒否したため首を絞められた借地人の話を述べたが、あの時、本所警察署に弁護士と行って捜査するよう求めたが、拒否された。弁護士も警察官も互いににらみあうだけで何も言わない。少し変だと思ったがそういうものかと思った。後に、2002 年 5 月に墨田区八広の借地人 N さんが不動産屋の底地買取りを拒否し、「後は賃借人協会に行って話せ」言うと相手は激高して鉄製の扉をガンガン叩きながら、「借りたものを返せ」と大声で叫び続けた。恐怖を感じた N さんは呼んだパトカーで向島署に連れて行かれた。そこで N さんは警察官に「協会を入れず直接話さないあなたが悪い、今後この件で電話するな」と言われた。N さんは、警察も本会も頼りにならないと本会に連絡しなくなり、不動産屋の言うなりになったらしい。本会は向島警察署長宛に「警察官教育の徹底、住民への威圧的言動の取り締まり、民事不介入指導」を行なうよう厳重抗議文を送った。また、小生もこれまで地上げ屋に事務所に居座られかけて追い返そうとして突き飛ばされた。そこで警察官を呼んで立ち退かせた。その話をどこからか聞きつけたのか、顔見知りの共産党員が、ニヤニヤ笑いながら話しかけてきた。「地上げ屋にやられて警察呼んだんだって」。この時にようやく警察官弁護士のにらみ合いの理由が理解できた。警察官は、地上

げ屋に困っている日本共産党には協力したくない、共産党系弁護士も警察官にはなるべく助けられたくなかったからであった。警察は、全ての借地借家人団体を日本共産党の関連団体と見ているし、共産党自体が本会を自分達と同じ仲間、つまり共産党関連団体と勝手に判断しており、本会の会員にも同様に考える者もいる。それは借地借家人運動自体が百年以上前から労農党や無産政党などの左翼政党の政策宣伝の実動部隊であったし、戦後は日本共産党のみがそれを形式的は引き継いでいるためで（内容は共産党主体の政治運動で住民運動ではない）、借地借家運動団体イコール共産党の運動としているためである。また、日本共産党と日本警察官僚間で長年暗闘が続いており、両者間には壮絶な憎悪の歴史があるようだ。しかし、警察や共産党がともに「相手憎しの感情」だけで、地上げ屋、犯罪者を見逃し借主を見殺しにする行為は、国民への重大な背信行為であり猛省して欲しい。

参考資料（写真）　　　　　　　（都住宅局での地上げ屋処分要求交渉）

第三章　日本借地借家人連合の紛争処理活動

(地上げ屋の建てた鶏小屋)

第四章　改正借地借家法の説明

「借地借家法の改正に関する問題点の説明（昭和60年11月法務省民事局参事官室）」では「確保さるべき居住の安定性の内容や、貸主・借主間の権利義務関係を規律して、両者のバランスを図るべきかを社会的背景の変化に従って見直さざるを得ない性質のもの」とし、その変化は異常な地価高騰等によるとし、現行法の見直し改正を進めた。改正の目的は民間及び公的賃借権を大幅に後退させるもので平成4年施行の借地借家法に続き、公的賃貸借制度も大幅に後退させられている。都市再生機構と、地方住宅供給公社は1950年代から公的賃貸住宅にかかわってきていたが、同機構は相次ぐ地価高騰で建物供給が困難になっていた。平成30年（2018年）には72.2万戸の住宅を管理していたが、平成9年から分譲住宅供給から撤退し、平成13年に新規の賃貸住宅供給を停止した。その上更に、2048年までには全ストックの3割を削減する予定である。各自治体は公営住宅を平成27年には216.9万管理していたが、10年間で約2.3万戸減少している。なお地方住宅供給公社は、公営住宅を中心に令和元年（2019年）約108万戸を受託管理し、14.7万戸の賃貸住宅を管理していた。都市再生機構は住宅金融支援機構と同じく、独立行政法人として膨大な債務、財政負担軽減を目ざしつつ地方公共団体の街作りに対して支援する機関で、民間事業者の都市再生事業に対する支援と補完を行う。住宅金融支援機構は、民間金融機関が長期固定低金利住宅ローンを提供できるよ

う支える役割を持たされている。両組織は、従来の土地住宅政策の、住宅困窮者救済の要的役割を失い、民間の住宅関連業者や、地方公共団体の業務の支援・補完役にされている。この公的賃借権保護の大幅な後退は民間賃借人らの居住権保護の後退と軌を一にするものである。その根底にあるのは、我が国の民法典の「土地所有権の絶対性」(註4)が充分に規制されていないことである。それ故、借地借家人層の居住の安定は、更新料請求などで損なわれ続けている。しかし、政府は、平成3年制定の借地借家法を施行して借地借家権の弱体化を続けながら、所有権者の利益を強化増大させる方針を推進している。従って、借主の権利保護回復の立場から借地借家法の再改正は必要である。ここでは従前の借地法、借家法の改悪される以前の部分と、再改正すべき部分を「問題点」として提示する。法改正の基本的な方針は借地借家契約の解約しやすさを強化することで契約継続阻止のための改正点が4種類も準備された。

　①契約存続期間の直接的短縮化　②更新拒絶要件の拡大③不更新（定期）賃借権の新設　④建て替え後の期間延長の防止規定

　これらに該当する条文は以下の通りで、その条文に従い説明し、条文説明に上記の番号を付加した。

　法律名は簡略化し、昭和41年改正の借地法、借家法は「旧借地」、「旧借家」とする。条文に付した①は第一項とする。借地借家法は「新法」とする。なお、定期借家権関連では平成12年改正の第38条、定期借地権関連は平成20年改正の第24条の条文が該当するものとした。

(1) 借地借家法の問題点の解説

（借地関連法各条文中アンダーラインのある語句は修正を要する箇所を指す）

（旧借地法、旧借家法の条文は「斜字」にしてある。新設の定期借地権・借家権も同様に斜め字とした）

（問題とする関連条項、条項の後の番号は前掲の4改正点を指す）

(a) 存続期間——①

(b-1) 正当事由 （借地）——②　(b-2) 正当事由 （借家）——②

(c) 増改築 （借地のみ）——④

(d-1) 定期借地権——③　(d-2) 定期借家——③

(a) 存続期間 （借地）

（旧借地）　*第二条　借地権の存続期間は、堅固建物六十年ないし三十年とする。*

　同条②　堅固建物については期間を三十年以上とする。

（新法）第三条　借地権の存続期間は三十年とする。更新する場合の期間は十年（権利設定後の最初の更新後の期間は二十年とする。）なお最初の更新後の期間は二十年であるが、二回目の更新後の、権利設定後五十年以後の期間については複雑なので、(c) の（増改築）にて説明する。

〈存続期間〉の問題点

　旧借地では建物の構造別に堅固建物三十年、非堅固建物二十年更新後も同様なため居住は安定していた。この条項は平成4年8月以前に設定の既存借地権にも維持されている。既存契

約で期間の未定は期間が三十年または六十年。しかし、新法では期間は建物の構造にかかわらず、最初に三十年、次の更新後は二十年、以降は期間は十年毎とされている。新法では更新後の期間の短縮が厳し過ぎて、借地権の安定性、永続性は否定されている。借地居住権の安定性は、住民の住み続ける建物にあり、居住者の生活、人権擁護の基盤であり、また、地域に住み続ける人々の文化を育む器でもある。従って、新法第四条は次のように改めるべきである。新法第三条の期間三十年とする条文は残して、「第四条　賃借人が更新する場合は、その期間は更新時より三十年とする。」借家の存続期間は、新法第二十九条で、旧借家の第三条の「一年未満の借家期間は期間定めなしとする。」を残している。

　借家の存続期間については、新法では「最短一年以上、期間に上限なし」としたが、期間については「定期借家」の項目で説明する。

(b-1) **正当事由** (借地)

(旧借地)　*第四条　借地権消滅時に借地権者が更新を請求したときに、建物がある場合は従前と同一の契約で借地権を設定したと見なす。ただし、土地所有者が自ら土地を使用する必要があるとき、その他正当な事由があるとき、遅滞なく異議を述べたときはこの限りでない。*

(新法)　第五条①　借地権者が存続期間満了で更新を請求したときは、建物がある場合に限り従前と同一の条件で更新したものと見なす。ただし、借地権設定者が遅滞なく異議を述べたときはこの限りでない。

第六条　前項の異議は借地権設定者及び借地権者が土地の使用を必用とする事情、借地に関る従前の経過及び、土地の利用状況並びに借地権設定者が土地の明渡し条件または土地の明明渡しと引き換えに財産上の給付をするとした申し出を考慮して、正当事由があると認められた場合でなければ述べることはできない。

〈正当事由の問題点（借地）〉

新法第六条で、借地権設定者は正当事由の異議申し出の要件で、土地使用において借地権者と同等の立場にされている。つまり、「旧借地」第四条の、「土地所有者が自ら土地の使用を必要とするとき」の語句中の「自ら」が削除されている。これにより、土地所有者が賃借人と同等の立場で使用できることとなり、資本力で借地人よりしばしば勝り、また借地人のような切迫した、自己の居住地の必要性がないにもかかわらず、土地使用の必要性が高められ、借地人立退かせの可能性を高めている。また新法第六条で、「土地の利用状況」を正当事由の判断要素に加えたため、多くの場合、借地人の収益性は土地所有者の事業用による収益性より劣っているため、特に地価の高い地域で借地人立退かせの容易化に通じる。

よって、第六条条文中の、「前項の異議は借地権設定者及び」の「借地権設定者及び」と、「土地の利用状況」の語句を削除すべきである。

(b-2)　**正当事由**（借家）

(旧借家)　第二条①　(法定更新)　当事者が相手方に対して期間満了の六月から一年以内に更新拒絶を通知、または条件変更しな

第四章　改正借地借家法の説明　73

ければ更新しない旨の通知をしないときは、更新満了の際に従前と同一の条件で賃貸借したと見なす。第三条　賃貸人の解約申し入れは六月前にすることを要する。

（新法）　第二十六条　（建物賃貸借契約の更新）条文の内容は旧借家第二条①と同じだが、条文末尾に、（従前と同一と見なされた契約は）「ただし、その期間は定めなしとする。」が加えられている。

　第二十七条　建物賃貸借の解約申し入れした場合、賃貸借は申入れ日より六月を経過することで終了する。
　第二十八条　第二十六条第一項の通知または賃貸人の解約申し入れは、建物賃貸人、及び賃借人が建物使用を必要とする事情のほか、建物賃貸借に関する従前の経過、建物の利用状況、及び建物の現況並びに建物賃貸人が明渡しの条件、または明渡しと引き換えに賃借人に財産上の給付をする旨を申し出た場合、その申し出を考慮して正当事由があると認められる場合でなければすることできない。

〈正当事由の問題点　（借家）〉
　新法第二十六条の、契約期間を「定めなしとする」ことは、その点だけ従前の契約内容と同一としない理由が不明であり、一方的に賃借人を不利にする条文で削除すべきである。つまり、「ただし、その期間は定めなしとする。」の部分は全文削除する。　第二十八条の正当事由の判断要素に、「建物の賃貸人、賃借人が建物使用を必要とする事情のほか、」での建物使用を必要とする者に、「賃貸人」を加えることは賃貸物の本来の使用人たる賃借人の居住権を弱体化させる可能性があること、及び、「建物の現況」は、老朽借家の明渡しを促進するものであり、

第二十八条の条文の、「賃貸人」と「建物の現況」の語句は削除する。

(c) 増改築関連条項

(旧借地) 一 第八条──二一① 防火地区指定付近で土地の利用状況の変化で、堅固建物所有への目的変更で当事者間の協議が整わないときは、借地権者は裁判所に借地条件の変更を申し立てできる。同条② 増改築を制限する条件がある場合は、土地の通常の利用に相当とすべき増改築について当事者間で協議が整わないときは、裁判所は土地所有者または賃貸人の承諾に代わる許可を出すことができる。同条③ 裁判所は前二項の裁判の当事者間で利益の衡平を図る必用があれば、借地条件を変更して財産上の給付を命じることができる。

(新法) 第七条① (建物の再築) による期間の延長) 期間満了前に存続期間を超える建物を土地所有者の承諾を得て築造した場合に築造をした日か、承諾を得た日のうち早い日から二十年間存続する。新法第十八条① (更新後の建物再築の許可) 借地権者が更新後に建物再築につきやむを得ない事情があるにもかかわらず、借地権設定者が承諾しないとき、裁判所が借地権者の申し立てにより借地権設定者の承諾に代わる許可を与えることができる。この場合に当事者間の利益の衡平を図る必要があるときは、第七条①と異なる期間を定め他の借地条件を変更し、財産上の給付を命じてその他の処分ができる。第十八条② 裁判所は前項の裁判をするには、建物の状況、建物の滅失があった場合は滅失に至った事情、借地に関する従前の経過、借地権設定者及び借地権者の土地の使用を必要とする事情その他一切

の事情を考慮しなければならない。

〈増改築関連での問題点〉

　旧借地の第八条 -2 の第三項での、「衡平を図る必要があるときは他の借地条件を変更し、給付を命じることができる」により、借地権設定者の建替え承諾の対価取得権を明文化している。同様に新法第十九条も「土地の賃借権譲渡または転貸の許可」の場合」を同様に明文化している。この明文化は、建替え承諾による賃借権強化が借地人の居住の安定に不可欠な行為であることが「土地所有権の後退」と見なすことから来る。土地所有者にとって、借地人の居住権は人権とは無縁の、単なる金銭取引の材料に過ぎないと考えられており、昭和 41 年の法改正以降、承諾料の明文化により、借地権の永続性が強化された見返りとして更新料請求が増加して更新料関連の訴訟が多発している。従って第十八条、第十九条の条文から「財産上の給付する申し出」に関する記述部分を全文削除すべきである。十八条には、「第七条①と異なる期間を定め」とあるが、十八条文言の意味することは、そのままとれば「再築後の借地の期間は二十年以外の期間にせよ」ということになるが、その意味する理由」が不明である。何故二十年ではいけないのか。建替えをしたことで二回続けて期間二十年になるためということであろうか。どちらにせよ、第二十八条では「二十年間以外の期間に当事者間で定めよ」ということになり、当事者は何を基準として協議に当たるかと困惑せざるを得ない不適切な条文であり、この箇所を書き換えるべきである。更に「第二十八条①更新後の再築で借地人がやむを得ない事情」とするが、どういう状況がやむを得ない事情が記載されておらず、理由無く協議を困難にして

いる。以上の点から、第十八条は次のように書き換えるべきである。

「第十八条①契約の更新の後において、借地人が新たに建物を築造するとき借地権設定者が正当な事由なく承諾しない場合は、裁判所が借地権設定者または賃貸人に代わり許可を出すことができる。再築建物の期間 j は三十年以上とする。借地権設定者または賃貸人は借地人に対して再築許可の対価に当たる金銭給付を請求出来ない。」

第十九条は、「第十九条①　借地権者」からの後の箇所を残し、「この場合において」から「またはその許可を財産上の給付の係らしめることができる。」までを削除する。また、新たに、「借地権設定者は借地人に土地の賃借権譲渡または転貸の許可の対価に当たる金銭給付を請求出来ない。」を加える。

(d-1)　定期借地権関連条項（新法）

新法に新設の定期借地権には事業用と居住用がある。新法第二十二条から第二十四条が該当するが、定期借地権の３タイプは以下の通りである。

第二十二条　（一般型定期借地権）　契約は公正証書で行い期間は五十年以上で契約更新、建物築造による期間延長はない。建物買取らないと定めることができる。居住用、事業用が可能。

第二十三条　（事業用借地権）　事業建物所有目的で、期間は十年以上五十年未満とする。契約は公正証書で行う。期間更新、建物築造による期間延長は認めない。

第二十四条　（譲渡特約付き定期借地権）　借地権設定後三十年経過すれば、借地権者は借地上の建物を借地権設定者に相当の対価で譲渡する旨を定めうる。同条②　譲渡後も賃借人または借

地権者が建物の継続使用を請求したときは、借地権設定者との間に期間の定めなき建物賃貸借契約がされたものと見なす。

〈定期借地権の問題点〉

　定期借地権は居住用に使用すれば、三十代、四十代に借り始めた建物譲渡特約付契約の借地人は、期間満了時に近くになれば、ほとんどが高齢者となっている。定期借地権の期間満了前に建替えが出来ないため建物も老朽化している。逆に修復工事が充分されていれば、されているほど家賃は高額化する。更に建物の借家人になった後も修復工事が必要であり、この費用負担を家主が充分するかが不明である。一般型定期借地権でも、期間は長いとからといっても期間満了時に高齢化していても必ず立ち退かねばならない。このように定期借地権は高齢後の借地人の住まいの確保が万全とはならない可能性を生じるため廃止すべきである。事業用も年齢に無関係とは全く無関係とはならない。借地人が高齢の会社社長の事例で居住兼用の場合は問題となり得る。従って、第二十二条を全文削除する。第二十三条は全文削除の上、第二十二条を　「期間は五十年以上とし、事業用、居住用に使用でき、また、建物築造、期間延長による更新が可能であり、更新、建物築造、権利譲渡に関して借地権設定者は借地人に承諾料等の金銭請求は出来ない。」と改める。第二十四条を全文削除する。このように定期借地権制度の条文を全て削除する。

(d-2)　定期借家関連条項

　新法第三十八条①　契約は公正証書等の書面による契約をするときに限り、第三十条の規定にかかわらず契約更新しない旨

を定めることができる。この場合、第二十九条第一項の規定を適用しない。（＊第三十条の強行規定──この節の規定に反する特約で賃借人に不利な規定は無効、＊第二十九条第一項（期間一年未満の建物賃貸借は期間の定めなしと見なす。）

同条②　あらかじめ賃借人に契約更新のない旨の書面を交付し説明する。同条③　②の説明がなければ契約更新のない定めは無効とする。同条④　①の規定の建物賃貸借で期間が一年以上の賃貸人は、期間満了の一年前から六月前までに契約終了することを通知しなければ、その賃借人を開始した日から六月を経過した場合この限りでない。同条⑤　床面積二百平米以下の居住用借家の賃借人の、やむを得ない事情からの解約申し入れは申し入れから一月で終了する。契約の期間は一年未満で、二十年以上も可能である。

〈定期借家の問題点〉

統計資料によれば、定期借家の期間は平均して期間二年から五年程度（延長期間を含め）であり、用途も建替え工事、転勤、子育てに利用されている。定期借家の期間は自由で制限はないが、一年未満は短過ぎて延長を希望する場合もあるが、契約終了の通知手続きが煩雑で問題化する可能性が高い。地方自治体によっては定期借家を子育て期間に限定したり、空き家対策に利用している。しかし、定期借家制度は期間が短か過ぎて用途が限定され、利用者が増えないという状況にある。期間一年未満も認めることは、需要が大きい地点では拡がり居住の安定性を損なう危険性がある。必要ならば、普通借家契約書に中途解約できる特約条項を入れるか、一時使用契約をすればよく、特に定期借家を新設する必要は無い。よって新法、第三十八条は

第四章　改正借地借家法の説明　79

全文を削除して定期借家制度の条文を削除するべきである。既に定期借家にしている借家人に対応して、第三十八条に次のように改め対処する。

「第三十八条　既に定期借家契約中の賃借人はその期間終了で契約が終了するが、その時点で普通賃貸借契約を締結すれば賃貸借契約を継続できる。」とする。

借家契約の期間

　借地借家法による普通借家契約の期間の規定は次の通りである。

　第二十六条　期間満了の一年から六月の間に更新しないと賃貸人が通知しなければ従前と同一の契約で更新したものと見なす。同条②　通知しても賃借人が継続して使用していて、賃貸人が遅滞なく異議を述べないときは同様となる。

　第二十七条　借家契約解約の申し入れは申し入れより六月経過で契約は終了する。（＊解約には正当事由必要）

　第二十九条　期間一年未満の契約は期間定めなしの賃貸借契約となる。借家の期間は原則として一年以上、期間に上限無く、期間を定めなくともよい。（＊2003年3月1日以前の契約の期間は20年間まで。）

第五章　借地人、借家人世帯と
　　　持家世帯の状況

借地借家法改悪の意味すること

　本稿冒頭紹介した「借地・借家法改正の問題点の説明」では、昭和41年の法改正から20年以上経過し、地価高騰など様々な社会的背景の変化を経て、借地借家関係の当事者間の利害調整のための施策と現実の要請の間にずれが生じたので、十分対応できるよう現行法の見直しをするとした。しかし、所有権絶対視思想を前章で指摘したように各条文は公正な利害調整ではなく、一方的な土地建物所有者の収益権保護の規定であった。寺田逸郎氏（改正当時の法務省民事局参事官）は氏の論文で、「（法改正は）借地借家関係の再調整として、利用の安定性の確保という色彩は薄まるが、土地所有者には終了させるという機会をより多く与える。」としていた。まさにその通り、法改正はもともと弱体であり、（図6）に見るように1987年からの3年間に、更新料、値上げ、明渡しの問題で三区だけで279名が講座相談会を機に加入していた。借地借家権保護を大幅に後退させる寺田氏の発言の根底には、借地借家権の弱体化で、土地建物所有者層、主として大企業の収益増大と景気浮揚につながるという古典的な経済政策観、その根底には「土地所有権の絶対性」（註4）信仰がある。それは借地借家人層の居住権保護という人権擁護の思想は無縁である。借地借家法改正の真の目的はここにあったので、法改正は法改正の意図から歪んだものであった。

ここからは、借地借家法施行後の、平成4年（1992年）以降の借地人世帯、借家人世帯と持家世帯の法改悪期の現状を各世帯別に説明する。

A　普通借地権と定期借地権世帯

借地権世帯数は長年減少を続けている（図7、8）。昭和43年（1968年）から平成15年（2003年）までの35年間に106.3万世帯減少した。法改正された2003年から2013年までの10年間には54.6万世帯も減少している。定期借地権世帯を含む全借地世帯数は、2003年には172.1万世帯で全世帯数4,725万世帯の3.6%であったが、2013年には全世帯数5、246万世帯の2.2%に下落している。全借地世帯数は、1968年から2013年までの45年間に160.9万世帯減少して、1968年当時の四割程度の42.2%にまで減少している。

（a）定期借地権世帯

資料（全国定期借地権付き住宅の実態調査」 2008年）

定期借地権制度は平成4年から始まり、平成15年には14.2万世帯に達した。しかし、平成25年に13.8万世帯と4千世帯減少した。当時の全世帯に占める定期借地権世帯の割合は2.2%、全借地世帯の117.2万世帯の11.7%であった。定期借地権世帯数が伸びない理由は何か？

定期借地権付き住宅の価格は周辺の土地所有権付き住宅価格の56.7%と経済的ではある。しかし、金融機関にとっては借地権価格の評価額は元々低く、借地権設定に必要な資金借りれは容易ではなく、また、土地所有者との関係に問題が生じないよう慎重な配慮が必要となっている。資料によると、定期借地

権付住宅の平均借地期間は 51 年 2 ヶ月（一戸建て住宅）なので、期間中に大修復工事が必要となれば、残存期間中に工事費用分を回収できない可能性もある。また、期間終了後に借地人が高齢者であれば、介護のためと、その移転先の確保がとそれにともなう費用が問題となる。こうした借地人を取り巻く、不可避的に困難な諸事情が定期借地権普及を妨げている。

(b)　定期借家

　資料　（「平成 25 年度住宅市場動向調査　国土交通省」、「平成 16 年定期借地制度実態調査　（アンケート調査　平成 14 年から 15 年）」

　実態調査では、新規借家 29 万 791 件中の定期借家は 1 万 3、728 件で 4.7%。動向調査も同様なので定期借家は借家中でかなりの少数派とみられる。定期借家は利用に際して難があり、「制度が複雑で理解しにくい」や、「使い勝手が悪い」などと言われている。

B　持家世帯

資料（「平成 12 年住宅宅地審議会答申（2000 年）」

　同答申によれば、（昭和 41 年以降の）社会的変動により、「継続的地価の上昇は消失し土地神話は崩壊し、日本型雇用慣が前提の土地取得の仕組みが構造的変化（註5）を遂げ、多く需要者が非正規労働者の増加の中で、多額の住宅ローンを抱え込むことに不安を抱き始めている。更に、二十代から四十代の層は地域コミュニティーの人間関係形成を煩わしいと感じている。その一方、持家を囲む状況も変化し始めている。1991 年のバブル崩壊後の 1994 年から 2013 年の間、地価は上昇から低迷に転じ続け、それに従って住宅ローン金利は 1998 年から 3% 以下

に（図9）終始していた。持家住宅戸数は増加から2003年以降は減少に転じている。1993年から2003年の間は持家の増加戸数は年間42.9万戸、2003年から2013年の間は年間37万戸、2013年から2018年の間は年間12.7万戸に激減した（図10）。一方で、三十歳、四十歳代の持家率が1983年以降、下降してきており、同様の減少傾向が見られている。三十歳代の持家率は、1983年の53.3%から2008年には39.0%に減少し、四十歳代は1983年の71.0%から2008年の62.7%に下がっていた（図10）。このように長年の政府の持家政策で支えてきた、持家需要層を取り囲む状況は急変しており、もはや景気対策を兼ねた持家偏重政策が破綻し始めていると言える。今こそ「土地建物所有権優遇」政策を改めて、土地建物の利用者、賃借人保護の土地住宅政策に転換すべき時期である。

参考図表　戦後編

（図6）講座参加相談者の問題別加入者数（名）
対象地域　墨田、江東、江戸川区（借地中心）
（1987年〜1990年）

（　）―借家の件数・借家人数、最下段割合は全体での加入者数比率

地上げ	更新料	明渡し	賃料値上げ	その他	合計加入者数
7件（5件） 76名 27,2%	66　（2） 62 22.2	61（44） 64 22.9	22（20） 53 19.0	12（1） 20 7.2	279名 （72名）25.8

（図7）借地世帯数の減少　　　（万世帯）

参考資料　①、②、③

昭和・平成／　　　年	一般借地権世帯	定期借地権世帯	両世帯合計
1968／s43	278.4	0	278.4
1973／s48	259.0	0	259.0
1978／s53	245.8	0	245.8
1983／s58	234.7	0	234.7
2003／h15	157.9	14.2	172.1
2008／h20	117.0	12.1	129.1
2013／h25	103.7	13.8	117.5

（図8）　所有権別世帯割合　　（万単位）

参考資料　①、②、③

	所有地	一般借地権	定期借地権	借家権
平成15年	2,710.5万世帯	157.9	14.2	1,700.6
（全世帯中割合）	59.14%	3.44	0.31	37.11
平成25年	3,098.2万世帯	103.4	13.8	1,853.1
（全世帯中割合）	61.13%	2.04	0.27	36.56

（図9）年別公示地価・基準地価平均及び住宅ローン変動金利率推移

参考資料　④、⑤

首都圏平均公示地価　④		都銀各行住宅ローン変動金利率　⑤
年	万円・坪	%
1994	187.2	4.0
1998	112.9	2.5
2002	97.5	2.375
2007	104.4	2.875
2013	95.8	2.475

（図10）　持家増加数（年平均、万戸）及び年代別平均持家率

（参考資料）　⑥、⑦

持家増加戸数	万戸・年	年	30歳代	40歳代
1988-1993	28.56	1983	53.3%	71.0%
1993-2003	42.9	1998	39.4	67.0
2003-2013	37.0	2008	39.0	62.7
2013-2018	12.72	／	／	／

〈註解説〉　戦後編

（註4）「土地所有権の絶対性」（p.81）資料　「土地所有権と現代」　篠塚昭次著

　篠塚昭次氏によれば「原稿民法典の内容は──ほとんど完全なまでの「ローマ法型の土地所有権の復元」である。「絶対性」という直接の用語はないが、「自由に──使用、収益、処分する」権利を認めている」。

　もちろんこれだけでは「絶対性」を「否定」することにならない。なぜならば「利用権」に対する支配力の強弱を判定要素にいれなければならぬからである。第二に、「利用権」の規定である。「賃借権」を「債権」に入れて権利の完全な弱体化を図っている。農民の「小作権」、都市住民の「居住権」とともに「対抗力」、「継続力」、「譲渡性」で権利保障のメルクマールを失っている。土地所有者の思い通りに、小作人、借地人、借家人の追放、小作料や地代・家賃の値上げが出来るようになっている。

（註5）「構造的変化」（p.83）　資料　（「21世紀の豊かな生活を支える住宅宅地政策について」、国土交通省）

　これまでのような土地取得に強い関心をおいた住宅宅地取得は継続的地価上昇、高い経済成長、年功序列型雇用関係が崩壊し始め、土地神話は崩壊し、土地は必ずしも有利性の高い資産ではなくなっている。──経済的安定性や年功序列型の賃金体系の見直しが進む中で、継続的賃金上昇は失業の不安等で期待できず、更に従来の宅地住宅取得を支えていた経済的社会的条件に構造的変化が見られる。

参考資料　　戦後編

「借地・借家法改正の問題点」　　法務省民事局参事官室、社団法人
商事法研究会　1987 年

「借地借家法の見直し - その経緯 , 改正要綱試案の構想」　寺田　逸郎著
ジュリスト No939　1989 年

「定期借家制度実態調査」　国土交通省住宅局　2007 年

「住宅宅地政策転換の基本的あり方に関する報告」　　国土交通省社会
資本整備審議会住宅宅地分科会・宅地政策ワーキンググループ　2002
年

「土地所有権と現代」　篠塚　昭次著　NHK ブックス 221　1979 年

「平成 20 年住宅・土地統計調査」　総務省統計局　2008 年

「平成 25 年住宅・土地統計調査 }　総務省統計局　2013 年

「21 世紀の豊かな生活を支える住宅宅地政策について」　国土交通省住
宅宅地審議会　2000 年

「首都圏、中京圏、近畿圏における民間賃貸住宅の定期借家制度の利用
率推移」国土交通省　2014 年

「全国定期借地権付き住宅の供給実態調査」　国土交通省　2008 年

「土地に関する動向、平成時代における土地政策の変遷と土地・不動産
市場の変化」　国土交通省住宅局　2019 年

「都銀の住宅ローン金利の推移」（日本銀行）、田原都市鑑定

「日本共産党の研究」　立花　隆著　1983 年

「土地代データ、首都圏」　株式会社「Land Price Japan」　2022 年

「平成 30 年住宅・土地統計調査」　総務省統計局　2018 年

「土地白書（住居に関する動向）」　国土交通省　2012 年

www.npa.go.jp.〉keibi.〉syouten〉syourten 269 ［警備警察 50 年　第
2 章　警察庁］

第二部

欧米諸国

第一編
戦前編

第一章　ILT
（国際借家人連盟　International League of Tenants）

　住宅事情への関心が欧州で特に高まったのは1920年代と思われる。ドイツ、オーストリア、チェコスロヴァキアと北欧諸国間で頻繁に交流があった。そこでは家賃や住宅法についての統計や情報に特に関心が持たれていた。1926年にラトヴィア借家人協会は北欧の借家人団体との密接な交流を希望していたが、1929年にモスクワや第三インターナショナル（コミンテルン中央委員会）とも交流していた。

ILT始動する

　1924年、ウィーンにあるオーストリア借家人協会（MVÖ）のロベルト・ホフメイール氏からスウェーデン全国借家人協会の理事である、C.G. ベルグマン教授宛てに書簡が届いた。ホフメイール氏は、オーストリア借家人協会は既に20万名以上の会員を抱えており、借家人協会の国際的な組織を結成したいと記述していた。同氏は、欧州の不動産所有者らが最近パリで欧州不動産所有者連盟を結成したが、借家人の権利も守られる必

要があり、強力な欧州の借家人同盟が必要だと説明していた。同氏は 1924 年 10 月にウィーンでの会議を提案していたが、開催は延期された。

ドイツが主導する

　その一方で、ベルリンにあるドイツ借家人協会、ドイツ帝国借家人同盟の副議長のラムドール氏は、地方自治制度の研究目的で、ノルウェイのオスロに向けて出発した。彼はオスロでノルウェイ全国協同組合の代表からスウェーデン借家人協会の存在を知らされた。ラムドール氏は 1925 年五月、スウェーデン借家人連合に宛てた手紙で、戦後のドイツの極めて厳しい住宅事情を——それは 1918 年の不当なヴェルサイユ平和協定によるが——記述している。また、彼は人々が不況に苦しむ時代に収益を追求する貪欲な家主や不動産所有者らを厳しく非難していた。ドイツでは 1914 年以降、ほとんど住宅が建てられず、政府は住宅に関心を持たないと思われ、多くの国会議員（帝国議会）はしばしば地主らの代理人として働いていた。同氏は更に続ける。ドイツ帝国借家人同盟は、借家人らを無慈悲な追い立てや不当な家賃値上げから保護する新たな法律の制定に成功した。この手紙の目的は、スウェーデンとドイツの両組織間での情報交換の可能性や、ともに国際的な借家人組織を形成することへの関心について調査することであった。その年の後半に、ラムドール氏はウィーンのオーストリア借家人協会の友人たちと連絡を取った結果、スイス借家人団体と連絡が取れ、初めての国際借家人会議の開催日時と開催地、つまり 1926 年 5 月 21 日から 25 日、スイス、チューリッヒが決定された。

1926 年、国際借家人連盟　(International League of Tenants) を目指す 10 名の代表団が国際的な共同作業をするために 5 月 21 日にチューリッヒに集まったとき、オーストリアの代表団が他の代表団にウィーン市での最初の国際都市計画会議開催について連絡した。ウィーン市は新たな大衆のための革新的な住宅計画のモデル都市であった。すでに強力な組織であったオーストリア借家人協会が国際事務局に選ばれた。チューリッヒのカール・ヴィルヒ博士が議長に選出され、2 ページの最初の規約文書が合意された。その文章は次の通りであった。

「第一回借家人団体国際会議は、会議の決議として全ての国の借家人団体を団結させる事業が成功し、それにより強力な闘う組織が創設されたことに満足しつつ報告する。——以下省略」

全ての欧州の借家人へのメッセージ

全ての欧州の借家人たちよ！　私たちの事業の成功のためには借家人らの活発な支援が絶対に必要である。私たちは連帯し、各借家人がそれぞれの国の借家人協会に参加することが必要である。全ての借家人の強力な団結だけが、たとえ少数であろうとも、強力な投機的な地主層に対する闘いに勝利をもたらすだろう。

国際借家人連盟を発展させるための試み

1927 年 7 月、パリ市アントワーヌ通り 16　に新たに結成された組織、「フランス及び同植民地の借家人統一連合（UCLFC）」の事務所が開設された。国際借家人連盟は再度、1929 年プラハで会合を開き、ドイツ（ドレスデン、ベルリン）フランス、オー

第一章　ILT　93

ストリア、スウェーデン、スイスとチェコスロヴァキアの各借
家人団体の代表が集合した。プラハ会議の僅かに残る資料を見
る限り、1929 年から 1934 年までに借家人連盟があまり活動し
たとは思われない。その後、スウェーデン、オーストリアとド
イツの借家人協会は、再び 1931 年にベルリンで国際住宅会議
に関連した会合を開いた。

1930年代の暗雲

　ヒットラーが 1934 年にドイツの総統になったが、その年の
5 月にスウェーデン借家人連合はドレスデンのドイツ借家人同
盟から、今後はスウェーデン借家人連合の機関誌（『借家人』）を
受領しないという書間を受け取った。その最新号には強烈な反
ナチ感情を示した――血をしたたらせた、死刑執行の 4 本の斧
を組み合わせた鍵十字のイラストが含まれていた。1939 年の
パリとストックホルムの間の、借家人協会の国際会議開催の可
能性に関する往復書簡がある。しかし、事態はもはやあまりに
遅すぎた。同年 9 月にヒットラーがポーランドを侵略し、第二
次大戦が現実となった。しかし、国際借家人連盟は、1926 年
から 1939 年までに国際的な協同事業、連帯と事実調査に重要
な役割を果たした。家賃等の比較調査がなされ各国の住宅政策
が比較討議された。

第二章　戦前の欧米諸国の住宅運動団体 (9ヶ国)

大英帝国、アメリカ合衆国、ドイツ、オーストリア、
スウェーデン、フランス、チェコスロヴァキア、デンマーク、
ノルウェイ

【英国 (大英帝国) 】

　1800 年代後半には、「ロンドン、バーミンガム、リヴァプール、その他の地区の借家人団体が民間家主に請求される高額家賃に反対した」と報告されていた。1891 年のロンドンのイーストエンドの家賃ストは、港湾労働者のストライキの勝利に、特に鉱山労働者組合の住宅問題の宣伝に貢献した。彼らは高額家賃反対や市営住宅を支援する運動を組織した。ウィリアム・ダンカン博士 (1805 〜 1863 年) は、リヴァプールの出身の英国で最初の診療所の医師だが、「リヴァプールを英国で最も不衛生な場所」と述べた。博士は直ちに、住宅、飲料水、衛生、健康をつなぐ重要な要素として、リヴァプールに公営の社会住宅を供給する欧州で最初の都市とすることに貢献した。市当局はスラムを撤去し始めたとき、すぐに民間家主らには上質な生活水準を求めることは出来ないと判った。リヴァプール市のボクスホールに聖マーチン・コテージが 1869 年に建てられ、それは英国最初の市営住宅であったが、1977 年に解体された。

借家人運動の誕生

　第一次大戦終了後には市営住宅は建設されなくなった。借家人は新たな地区で借家人協会を結成するために集った。借家人協会は、しばしば高額家賃反対を宣伝し借家人の参加を呼びかけた。1880年代から1915年までの一連の家賃ストライキは、借家人運動が今なお貴重な財産とする、急進的な生得的権利を与えるストライキであった。家賃ストライキの歴史は、借家人協会を全ての借家人宣伝活動の核心として、全ての借家人を代表する声と認められている。「英国借家人運動の隠された歴史」によれば、最初の借家人協会は1920年代に創設され、主に労働者階級の上層部の為に働いていた。彼らは新しい地方自治体の家主に対抗するとともに、未熟練労働者と対抗して彼らの特権を守るための熟練工の集団であった。

【アメリカ合衆国】

アメリカの借家人運動

　19世紀の産業革命は、いくつかの地域での生活水準を改善し家族を増やし疫病を減少させた結果、人口を大幅に増加させた。しかし、地方では増加する家族らを養うのがより難しくなり、多くの若い男女が欧州に点在する工場や産業で働くために村落を離れた。多くの移民が極めて少ない仕事口を求めて大西洋を渡ることを決めた。三千万人もの人々が貧しさ、地域の混乱や産業化に追われて1815年から1914年の間に合衆国に

流れ込んだ。アイルランドの人口の 25％、二百万人が 1845 ～ 1946 年のジャガイモの収穫に打撃を与えた虫害の結果、合衆国に移民した。1890 年代の始め頃までは、米国の新たな国民の大多数は北欧や西欧からの人々で、多くは中部ドイツを巻き込んだ飢饉や革命の結果、逃れてきたアイルランドやドイツの市民であった。1886 年以降は移民の形が変化した。東欧人や南欧人が大西洋を渡ってくる人々が主体となった。しかし、この欧州から脱出の波は、第一次大戦後の反移民感情の高まりにより断ち切られる。いくつかの入国制限と新法が合衆国への入国の道を閉ざした。1930 年代に移民したのは 35 万人以下であり、政治的難民が高い割合を占め、特にドイツからが多く、30 年代の終わりには戦争で占領された欧州諸国からの政治的難民が多かった。

最初の移民らの起点としてのマンハッタン

　1892 年 1 月 1 日に連邦移民センターがエリス島に開設された。1892 年から 1924 年の間に、エリス島を経て二千二百万人の旅客と乗組員が上陸した。1954 年にマンハッタンとエリス島に移転した移民・帰化事務所は余剰資産とされたが、1990 年に同島は移民博物館として再び公開された。

安普請の賃貸住宅で巨額の収益

　ニューヨークの最初のアパート建設ラッシュは、家主らが 1850 年代に貧乏人目当ての安い住宅を建てて巨額のもうけを得ようと始まった。マンハッタンの高地価から、家主たちはできる限り多くの低賃金労働者をひとつ建物内に住まわせるようにした。しかし、1867 年までには連邦、市、州当局には開発

第二章　戦前の欧米諸国の住宅運動団体（9ヶ国）　97

業者に借家人に水道、ガス、十分な採光や換気の設備供給を求める法律がなかった。そのために、初期のアパートにはこれら設備がほとんど付いてなかった。ニューヨーク市内は安い家賃のアパートが極端に不足し、1840年代後半には流入移民の絶えざる波が溢れ、居住するアパートは全く足りなかった。

借家人追い立てと家賃ストライキ

　ニューヨーク市の最初の大規模な家賃ストライキは、1904年、マンハッタン、ローワー・イーストサイドのユダヤ人居住地域で始まった。急上昇する家賃が問題であった。借家人らの怒りの源のひとつは、貧しいが野心的な同胞により——その建物全体を借りて個々の借家人から家賃を取っていた——搾取されていると感じたことであった。家主らは借家人からより多く家賃を搾り取るか、より高い家賃で新しい世帯に貸すために追い立てようと試みた時、裁判所は彼らを止めようとしなかった。"立退き日"は同地特有の現象であった。賃貸借契約は毎年10月1日に終り、家主に家賃値上げの機会を与えた。1919年には9万6千623世帯が追い立てられた。その結果、1919年の立退き日は、ブロンクスやマンハッタンだけで7万5千世帯以上が住んでいるアパートを変えた、同市の歴史上最も混乱した日と記された。

1920年代の状況

　何百万の人たちが農村部から都市部に集った。移民、特に東欧の人たちがニューヨークに溢れ込み続けた。この結果、米国の都市部人口は、米国史の初期の農村部の居住人口より多くなった。その大多数は借家人で、すぐ住宅不足が深刻化した。

アッパー・マンハッタンやブロンクスのいくつかの地方自治体はすぐに借家人を支援する委員会を設置して対応した。1920年代初期に借家人たちは、自らの借家人団体、ワシントン・ハイツ借家人協会を組織した。最も大きな組織はブロンクス公正家賃協会で、主に中産階級の借家人を集めた。この団体は、200棟以上の賃貸借建物の住人3千5百名以上の会員を抱えていた

最初のニューヨーク市の借家人団体

1936年、マンハッタンのニッカーボッカー村の借家人らは、地元の借家人運動家とともに、CWTC、ニューヨーク市拡大借家人協議会を創設した。それはロンドン出身のハインツ・ノルデンに指導されており、CWTCは多分、ニューヨーク市の最初の借家人連盟であった。同年10月に黒人借家人協会、ハーレム統一借家人連盟が家賃値上げ反対デモを組織した。デモは同市の拡大借家人協議会に支援され4千名の支持者が参加していた。

【ドイツ】

DMB（ドイツ借家人同盟、ドイツ借家人協会）は、ドイツにおける、借家人の利益を守る、最高の代表的団体である。DMBはドイツにおける各地方、各州、各協会の上部団体である。すでに19世紀後半に借家人らは各地方の協会を結成した。1868年、最初の借家人協会がドレスデンで設立された。住宅困窮と家

第二章　戦前の欧米諸国の住宅運動団体（9ヶ国）　99

主らの借家人への非情な法律無視がこの時代の特徴であった。1900年についに25団体の借家人協会がライプツィヒで借家人協会連盟を創設し、それが後にドイツ借家人協会連盟となり、強力なドイツ借家人運動の礎が作られた。借家人運動の最も低調な時期は、国家社会主義の時代であった。1942年、ドイツ借家人協会連盟は、土地建物所有者連盟とドイツ居住用不動産連盟との合併を強制された。現在はDMBには約百万名の会員が参加している。

【オーストリア】

ウィーンは、19世紀末に約5千万人の人口を有したオーストリア・ハンガリー帝国の首都であった。ウィーンは、住人人口がわずか50年間で約40万人から200万人に増加していた。同市は現在、欧州で最も人口の過密な首都である。ほとんどの人が一室か二室で生活し、労働者地域では平均5人家族で20から30平米のアパートを共用していた。余分なベッドは夜間または昼間に家族以外に貸し出された。家賃を払えない者は保護施設を見つけねばならなかった。1910年には33万人が住所不定であった。男性労働者の平均寿命はたったの33歳であった。オーストリア借家人連合（MVÖ）1911年に、悲惨な状況に反発して連合を創設したが、すぐに7万7千人が加入した。

革命と疾病

オーストリア・ハンガリー帝国は第一次大戦戦後消滅した。1918年から1920年代初めに数千人の難民と兵士たちが残った

オーストリアの首都を目指した。多くが数年間戦場にいた兵士たちで家族や婚約者たちに逢いたがっていた。彼らは結婚し家に帰ることを望んでいたが、やっと故郷に帰れても住む家はなかった。すぐに不満が国中に広がり、自然にデモが発生した。政府はロシア革命の記憶がまだ新しかったので、革命勃発を恐れた。ホームレスが増加し生活状況が悪化していき、チフスやウィーン病（結核）の広がりを加速した。第一次大戦後、オーストリア借家人連合は最初の借家法を導入させた。実際的な成果として、明渡しからの借家人保護と公共料金を管理する権利を得た。

赤いウィーン

1919 年、人々が貧しい社会状態から収入にかかわらず法律を決める選挙権を持つことで、社会主義的なウィーン市が生まれた。1923 年から 1934 年の間に、ウィーン市は新たに 6 万 4 千戸の労働者向けの住住宅を建設した。この極めて壮大な建物、カール・マルクス・ホフは 1,200 メートルのファサード（facade）がつけられていた。

同市のユニークな住宅政策

特にウィーン市における大規模な建築計画は、1922 年に始まった新しい税金管理権により容易になった。新しい住宅税が1923 年に導入された。この革新的な税制度によると、普通労働者のアパートには年間に戦前家賃の 2% を、贅沢なアパートには 37% まで課税した。この強力な税制の展開は、他の欧州諸国の財源確保とは違っていた。同市の社会住宅は、1920 年代に国際的に知られた改革計画に由来し、80 年間以上にわた

り展開された。同市の全世帯の 60% 以上が、公営住宅 22 万世帯を含め、補助金付住宅に住んでいた。1926 年に最初の国際都市計画会議が進歩的なウィーンで開催された。

運動の後退と内戦

1931 年にオーストリア借家人連合（MVÖ）は 25 万人の会員を有し、その立場は重さを増していた。同時にオーストリアは民主主義からファシズムに移行した。1931 年 2 月、官憲が MVÖ を禁止し、その資産を接収した。後に、独裁者エンゲルバート・ドルフィスが全ての政治団体、労働組合、政治的に関係する組織を禁止し解散させた。ウィーンの通りや住宅団地で、ドルフィス軍と武装した 2, 3 千名の社会民主主義者らの間で短い内戦が勃発した。カール・マルクス・ホフ団地では戦闘が特に激しかった。政府軍は機関銃、大砲を持ち出し、アパートを射程範囲にして砲撃した。3 日後、政府軍の兵士らがアパートに突入した。しかし、そこでは予測していた保管された武器弾薬はなく、戦闘により団地に閉じ込められ脅える女性や子供たちとともに、男たちを見つけただけであった。闘いは勇敢な見捨てられた人たちの抵抗であり、外国の時事問題解説者に大きな感銘を与えた。1934 年の 2 月の一週間で 239 人が死亡し、718 人が負傷したと推定され、4 千人が政府軍の捕虜となった。

【スウェーデン】

スウェーデンの 19 世紀末の都市部の生活状態は他の多くの

欧州都市と同様であった。つまり、水道はなく、シラミ、過密居住、屋外のトイレ、10%の乳幼児死亡率等々であった。

　スウェーデンは、ほとんどの他国同様に、借家人運動は労働組合または節約運動に由来し、密接に関わってきた。借家人らの会議は、スウェーデン西海岸のゲーテボルグで1899年に開催された。この会議は猛烈な家賃値上げの脅威により要請されたものであった。会議の間、借家人が一緒に彼ら自身の家を建てることが可能かどうかの議論が始められた。この議論はやがて地元の借家人団体の形成に繋がった。1907年、いくつかの大きな借家人協会が大都市に設立された。1909年の初めに、ストックホルムの借家人協会が、市郊外の借地に貸家を建設する目的の協同組合の設立を決定した。同年の12月に最初の借家人がこの貸家に入居した。

ナイネスシャム（Nynäshamn）・借家人保護の90年

　最古の借家人組織は、ストックホルムの約50キロ南にあるナイネスシャムという沿岸の町で今も活動している。1911年にストックホルム市議会は、同地に電信機工場を建設すると決定した。労働者たちはナイネスシャムに引越すよう言われ、電信機会社により新たに賃貸住宅が建てられた。すぐにその住宅は極めて劣悪な建物であることが判った。寒風が木の壁を通し直に吹き込み、室内でも水が凍った。同じ頃、電信機会社は家賃を50%まで値上げすると通知した。1915年、借家人たちは借家人協会を結成しストライキを続けた。家賃値上げは中止になったが、室内は冬期は恐ろしく寒く湿気ていた。

最初の家賃法

1917 年、スウェーデン政府は、住民が 5 千人以上の地方自治体の家賃を規制する法律を導入した。しかし、実際の費用から見て年間最大 10% まで値上げ出来た。ある人たちは、この法律は賃貸住宅の建設戸数を減らし、1920 年代の住宅危機を悪化させたという。しかし、その一方で 1915 年から 1920 年までに生活費が 160% 上がったが、家賃はわずか 30% の上昇であった。

ひとつの国にひとつの借家人連合

1923 年、13 の地域の借家人協会が借家人協会の全国連盟を結成するためゲーテボルグに集合した。

同年に「借家人の貯蓄と社会建設全国協会」、HSB が創設された。

現在のスウェーデン借家人連合の任務は、毎年民間借家及び公的借家の全ての借家人のために家賃交渉をすることである。現在、スウェーデン借家人連合は、53 万人の所属会員を抱えているが、それは全国の借家人の約 4 割を代表している。スウェーデン借家人は彼らの博物館をヘレフォルスに開設している。"借家人の家"〈夏期公開〉 電話 （0046591-12001）

【フランス（CNL, ジャキュイ・テイセ）】

フランスにおける住まいの権利の闘いは極めて古い。中世の時代、パリの学生らは適正な家賃のための委員会を要求した。

1789年の告訴状の写しは借家人の所得より50%以上高い家賃を告発していた。

産業革命と都市の拡大は事態を悪化させた。最初の地元の借家人連合は、若い産業労働者らとともに、家主らが家賃を払えない借家人らを集団で立ち退かせようとした時、明白に家主への反対を表明していた。第一次大戦中に夫や息子が兵士であった女性らは、家賃の支払い猶予を要求するために地元の借家人組合から団結の重要性を学んだ。1916年に、UCL、最初のフランスの全国的借家人組織である借家人連盟連合が誕生した。UCLは、1918年から1939年の間に大量の宣伝を行い、いくつかの借家人保護法を克ち取った。UCLは第二次大戦の間は禁止されたが、多くの会員がレジスタンス運動に参加した。多くのUCLの会員がフランスの自由のために生命を捧げた。UCLは1944年にCNL（全国借家人連盟）として、一部再編成された。戦後、CNLは住宅法制定と借家人保護法の再編、改良に奮闘した。

現在、CNLは借家人代表として選出された、依然としてフランス第一位の借家人組織である。CNLは、公式には住まいを求める世帯に向けられた消費者団体と認められている。フランスの全賃貸住宅ストックは、全住宅の38%で、そのうちの40%が社会住宅、HLM（アッシュレム、低家賃住宅）である。CNLは7万名の会員を抱え全国で4千6百の支部がある。

第二章　戦前の欧米諸国の住宅運動団体（9ヶ国）　105

【チェコスロヴァキア　　(SON in Prague　プラハ)】

　チェコスロヴァキア借家人連合は、1918年に既にハプスブルグ帝国からの独立を宣言し、借家人の権利を保護する諸活動に成功していたが、1926年に創設された。1991年に、チェコスロヴァキア借家人協会は、社会制度の大変革を理由に、再び借家人の利益を代表し保護を始めた。1995年に全国的組織として、組織名をチェコ借家人同盟、SONに変更した。1998年にIUT（国際借家人連合）に加盟した。SONは19の労働組合、社会主義的な政党、更に古い組織と深い協力関係にある。SONの専門家らは立法活動に参加しており、全ての段階で自主独立的に交流している。彼らはSONの会員の法律相談に応じている。

【デンマーク】

　1917年に借家人たちは共同借家人連合、DSLを結成した。戦時規制による建築資材の不足により、住宅建設戸数が激減した。DSLは当初は政党の政策に関係しないでいたが、借家人運動を労働運動の一部と考えていた。1920年にDSLの会員数は5万人に達した。1930年代には、借家人連合はより密接に労働運動と提携関係を深めた。しかし、社会民主主義者と共産主義者の間の意見の相違は増大した。1941年、DL, デンマー

ク借家人連合が結成された。DL は社会民主主義者らと密接な関係にあった。DL は、第二次大戦後は国内最大の借家人連合となった。

【ノルウェイ】

　ノルウェイ借家人連合、NLF は、ノルウェイにおける借家人協会の上部団体である。NLF は 1939 年に創設され、それ以来、ノルウェイの住宅政策の決定の重要なパートナーであった。NLF の極めて重要な活動は、借家人の組織化、住宅法の改善と非営利の共同住宅による社会住宅の立ち上げであった。しかし、その賃貸住宅部門は、戦後は全住宅ストックの約 50% から 23% に下がっている。

第二編
戦後編

第一章　日本（賃貸借関係のみ）、IUT

【日本（家賃としてあるが、地代もふくむ）】

〈契約関係〉

・当初家賃の値上げ、その理由

　値上げに規制はない。しかし、権利金、更新料（礼金）が家賃値上げの一部をカバーしているという考えもある。賃料値上げ理由は近隣賃料の上昇、固定資産税等の上昇、物価上昇、借家改築工事代がある。

・当初家賃への異議申し立て

　契約時に当事者間や不動産間業者との交渉は可能だが、ほとんど行われない。当初の交渉は貸主側が比較的に有利な場合が多いためである。

・家賃値上げの頻度と異議申し立て

　値上げは更新時か、2, 3年に1回が多い。異議申し立ては簡易裁判所などへの調停申し立てで話し合う。話し合いがつかねば本裁判で争うことができるが、不動産鑑定書が必要となりう

る。借地は地価急騰や固定資産税など税金上昇時に値上げ請求されやすい。地代家賃ともに算定基準は特にないが、不動産鑑定で算定できるが、地価を基準とした利益の算定なので高額になりやすい。

・申請費用

　調停には印紙代だけ必要だが、裁判では弁護士費用や鑑定費用が必要となり、特に借地は費用がかさむ傾向がある。

・契約期間と解約理由

　普通借家は通常は2, 3年が多い。借家は1年以上で上限なし。1年未満は期間の定めなしとなる。正当事由が法律で定めてあり、あれば借地借家は裁判所に申し立てて解約申し入れでき、6ヶ月で終了する。定期借家は1年未満も可能で上限はない。普通借地の期間は既存と新規に分かれ、更に、定期借地は期間の異なる三種類ある。既存の普通借地の期間は、既存は20年か30年と建物構造で決まるが、新法による新規借地は30年、次に20年で、その後は10年毎になる。定期借地は期間中の建て替えによる更新、延長はない。（既存と新規は設定時の平成4年7月末日を境に分けられる。）

・通告期間

　借家は終了の6ヶ月前までに、定期借家の期間1年以上は6ヶ月から1年前までに通知が必要である。

・敷金返還

　敷金の定義が民法で明記されたのが2020年4月で、「借家人の債務を担保し、修善費などを差し引いた残額を家主が借家人に返還する」とされている。また、1998年に国土交通省は、敷金返還紛争等で問題の多かった、借家人の修繕する責任のない修善部分を「通常損耗・経年変化でない損傷部分」と明記し

110

たガイドラインを発表した。敷金額は家賃の1から2ヶ月分。修善費の名目で返還されない敷金事例が少なくなく、問題化している。

・その他の情報　〈権利金（礼金）と更新料〉

　日本の借地、借家人には契約時と更新時に、権利金（礼金・借家）、更新時に更新料が必要である。更新料は借地では市場の土地価格の数％から10％を超えるため、しばしば紛争となっている。借家では更新料は権利金と同じく、1,2ヶ月分の家賃額が多い。借地権の権利設定時に請求される権利金は一般に市場土地価格の七割である。借地は、この他に建替えや借地権譲渡の承諾料として地価の10％程度、巨額となり得る額であるが、地主から請求される例が珍しくなく、支払われる例も少なくない。

持家率	61.2%	
借家率	33.5%	民間借家　28.5% 公的借家（2018年）　5% 公営借家　3.6% UR, 公社　1.4%

日本・住宅土地統計調査（総務省　2018年）

【IUT（国際借家人連合）】

　第二次大戦後の国際借家人連盟を語るには少し説明が必要である。欧州の諸都市の中心部、特にオーストリアやドイツのような公営住宅のあった諸都市は廃墟と化していた。1955年までに、オーストリア借家人連合、MVÖは国家顧問官、ルドル

フ・マルヒナーの指導で充分回復していた。MVÖ は、ウイーンでの会議を計画し、欧州の各借家人協会に招待状を送った。スウェーデン、デンマーク、西ドイツ、スイスが招待に応じた。事務的会議の終了後に、国際借家人協会再建を討議するために5ヶ国の代表団が集合した。暫定的に事務局はウイーンに設置され、会費は 2,000 オーストリア・シリング（145 ユーロ、現在のレートに換算して）とされた。スウェーデンは、フィンランド、ノールウエイが国際借家人協会と連絡を取り、何とか北欧借家人会議と打ち合わせるよう依頼された。この会議は、マルモで1956 年 6 月 30 日に結成され、オーストリア、ドイツの組織が参加していた。事務局をストックホルムに置くことが決定された。国際借家人連合、IUT は、よく知られているようにスウェーデン借家人連合、SUT を事務局にと指定した。SUT の会長レオナルド・フレデリクソン氏が IUT 会長に選出され、ゲエスタ・ジェルテリウス氏、SUT の法律顧問が IUT の事務局長に指名された。1957 年 10 月に 5 ヶ国、オーストリア、スイス、西ドイツ、デンマークとスウェーデンが IUT に会費を納入した。これで新しい IUT の、常設の事務局の少ない収入での実際活動が始められた。

私たちは忘れてはならない――

　1920 年代、1930 年代に起きたことは、現在、アメリカ合衆国、オーストラリアと欧州のほとんどの国でも同様に起きている。この事実は全ての開発途上国の現実である。そこでは危険で不健康な住まい、保有の不安定さ、突然の家賃値上げ、追い立て、一室一家族の居住等々が存在する。かっての東欧のポーランドのように、借家人保護法は存在するが、適用されないか、

弱体すぎ、不正もまた広がっている。

　借家人連合は全ての国で重要な役割を果たすだろう。会員とともに借家人組織は強大になり、影響力を増す。今日も再び1926年のアピールを、全ての借家人よ、団結せよ！

〈以下は「2024年一月現在のwebsiteでのIUT（国際借家人連合）の紹介」である。〉

『IUTとは、世界の借家人団体のための非政府・非営利の会員組織である。1926年にチューリッヒで創立された。1956年以降は本部事務所をストックホルムに設置、2008年以降はIUTがブリュッセルに現地代表部を置いている。現在51ヶ国の74団体が参加して参加団体の会費により運営されている。』IUTの活動内容は付属した「借家人憲章」を参照されたい。

＊「借家人憲章の趣旨」について（「憲章」の全文は第二部巻末に付属資料として掲載してあります。）

　「各国政府は借家人組織を公認し、その関連政策に関与する権利を付与すべきである。住宅に関する差別を禁止し、高品質で手頃な費用で入手できる権利は、普遍的人権であり、人はすべて人間として住むに値する居住施設への権利を有する。借家人等は、彼らの組織を介して借家人に関する問題の決定に参加する権利を持たねばならない。公的及び社会住宅は社会の重要な一部分であるべきである。民間賃貸住宅は、補完的な高価な賃貸住宅の形態で、賃貸借契約と住宅関連の公共事業や修復に関して法的規制が必要である。」

＊IUTの活動目標　（「借家人憲章」の目標の一部のみ掲載）

第一章　日本（賃貸借関係のみ）、IUT　113

〈実現を目指すべき目標〉
＊誰もが良質な住宅への権利を持ち、健全で健康的な住環境と手頃で公正な家賃を実現すること
＊居住民主主義と借家人の参加の権利
＊借家居住の安定性と家賃規制
　全ての保有への税制の中立性
　住まいに関するあらゆる差別の禁止（年齢、性別、人種、民族的背景、身体障害、性的指向、宗教での差別）
＊ウェブサイトを介しての情報伝達促進
＊国際連合関連機関（欧州経済委員会（UNECE））との共同作業
＊欧州連合（EU）の各機関へのロビーイングと情報普及活動
＊各加盟団体間の情報・経験の共有の促進と協力
　研究集会、会議、式典の開催と参加

（2016年ポーランドのクラコフでのIUT総会で報告する、日本借地借家人連合の高島一夫理事長）

IUT（国際借家人連合）
International union of tenants Japan
E-mail :info@iut.nu
Website : www.iut.nu

JUT（日本借地借家人連合）
Union of Tenants
E-mail :ttcne1376@ outlook.jp
Tel : 03-3622-1376

JUT

第二章　アメリカ合衆国、カナダ、オーストラリア（4州）

「アメリカ合衆国」

　1963-1964年の家賃ストライキは、借家人組織家ジェセイ・グレイに指導され、ハーレムで勃発した。ストライキの目的は家賃問題でなく、貧しい住宅の維持管理とサービス内容の改善であった。

（現在のアメリカ合衆国の借家人団体）

＊多くの借家人協会が各都市や各州を基盤にしており、ニューヨーク市では、地元の地区の借家人協会が数団体存在する。「借家人らと隣人たち」は26年の歴史があり、ニューヨーク州の借家人のために活動している。会員数は1万6千人で、マイケル・ラーマ・プログラムや連邦セクション・エイトプログラムによる住宅や公的住宅で暮らしている。

＊「ニュージャージー借家人団体」　1969年創設で、合衆国の最古で・最大の借家人団体である。

＊「サンフランシスコ借家人連合」　1970年設立、IUTのメンバーである。

＊NAHTHUD（連邦政府都市開発省）の借家人全国同盟は、1991年創設された。NAHTは居住者集団の最初の全国的会員組織である。NAHTは民間持家と、HUDが補助する多人数家族の借家人組織の複合文化的借家管理の連合組織で、全国的に組織されたHUDの借家人団体の多くに関係しており、30

116

州に46地域のHUD借家人連合や事業計画を含んでいる。

＊「ニューヨーク市が家賃凍結を決定」（2015年9月号、IUT機関誌グローバル・テナンツ記事引用。「借家人らと隣人たち」）

　ニューヨーク市家賃ガイドライン委員会（RTG）は、46年間で初めて7対2で、10月1日から新規契約または更新契約（期間1年）の家賃を凍結することを採決した。2年契約を選んだ借家人は2%まで値上げされる。同市では、賃貸住宅のほぼ3分の2を占める100万世帯以上が規制家賃である。凍結率は昨年が記録的に低率で、1年契約が1%、2年契約が2.75%であり、ビル・ブラシオ市長在任の最初の年であった。RTGは、市長が指名する9名で、借家人代表2名、家主代表2名と公的機関の5名で構成される。借家人団体の指導者（「借家人と隣人たち」）はニューヨーク州議会の空家規制緩和を終了させるよう強く要求した。これは家賃が2,500ドル以上の空家の規制を緩和するものである。ガイドライン委員会のメンバーで、借家人活動家のシエイラ・ガルシアは、「この決定は、借家人の希望とはかけ離れた結果をもたらしている」とした。

総住戸戸数 （居住者有）	100% ／ 1億2,156万戸	連邦助成賃貸住宅総数 834万5,843戸（2012年）
持家戸数	63.8% ／ 7,757万戸	2 助成型
借家戸数	36.2% ／ 4,299万戸 6.86% ／ 834.5万戸	（直接）　518万5,933戸 （間接）　315万9,910戸

アメリカ合衆国住宅資料・HUD　2017年

「カナダ」（Federation of low -cost housing of tenants of Quebec、FLHMLQ、他に"首都借家人協会連盟"がある）

　同連盟には 2011 年から 2013 年頃に約 200 の借家人協会が存在し、6 万 5 千の低額家賃住宅世帯を代表していた。連盟は地域の借家人協会の借家人らの相談に応じ、問題解決を支援し、彼らが低額住宅の管理に関わるよう支援してきた。また低額住宅の家主たちの相談、多くの改築費用の相談に応じる。彼らは州や連邦政府に働きかけて、低額住宅の修善費用として、5 年間に 12 億ドルの投資をさせている。しかし、ケベックの政治的状況は極めて不安定である。家賃は世帯所得の 25% であるが、州政府は 30% に引き上げようとし、それは低額住宅借家人の脅威になっていた。2020 年には、カナダ政府は低額住宅負債への融資をやめるとしていた。政府は低額住宅の事業上の赤字を補填する資金がなかった。しかし、連邦政府は 1993 年末までは社会住宅を建設していた。1993 年 12 月 31 日、政府は全ての新しい社会住宅建設計画を終了させ、協同組合住宅、公的住宅、低額家賃住宅への資金提供をやめた。数千戸の賃貸住宅が分譲アパートに転換された。住宅購入できない中低所得世帯の住まいは、民間賃貸住宅部門に委ねられた。カナダの賃貸住宅制度は以下の通りである。

〈契約関係〉
・当初家賃の規制
　新たに賃貸借契約をした時、家賃は家主が法的には規制がなく、何時でも値上げできる。しかし、借家人が、もし新家賃が

118

従前家賃と異なるか、新たに改良されたり、改築されてないことを証明すれば、家賃変更に異議を申し立てできる。しかし、借家人は従前の賃貸借契約の書面による証拠を持たねばならない。家賃値上げに対する規制はない。

・当初家賃への異議申し立て

　もし、たまたま新借家人が従前の借家人がより少なく家賃を支払っており、建物に何の改良もなされていないことを文書で証明した場合は、借家人はその旨を家賃裁判所に申立てれば30日以内に家賃を引き下げ出来る。しかし、それまでは借家人は署名した契約書の家賃額を支払わねばならない。けれども、現実にはケベックでは住宅不足の状況なのに、誰も申し立てしない。というのは家主が借家人を選ぶからである。

・家賃値上げの頻度と異議申し立て

　値上げは年に一回、更新の時にする。家主は契約終了の3から6ヶ月前に契約終了を書面で通知しなければならない。借家人は公式に値上げ拒否の申し立てが出来る。家主は家賃裁判になる前に値上げが正当なことを借家人に証明しなければならない。借家人は、もし建物に改善または改築がなされていないならば、家主に異議を申し立てできる。

　一年間の賃貸借契約の家主は、契約終了前の3ないし6ヶ月前に書面で終了する旨を通知しなければならない。借家人は、通知を受領した日付から一ヶ月以内に回答しなければならない。

・訴訟費用

　家賃が350カナダドル未満ならば45ドル、350カナダドル以上600ドル未満ならば56ドル、もし、600ドル以上ならば73ドル。

・契約期間

民間賃貸住宅部門の賃貸借には一般的に期間の制限はない。借家人は契約終了通告をされるまで法的には居住できる。

・通告期間と終了理由

通告期間は6ヶ月。もし家主が身近な家族のためか、または建物の用途変更のため必要ならば、建物取り戻しの合法的な契約終了の理由となる。

・敷金

敷金請求は法的には認められていない。

持家率	56%		
借家率	44%	民間賃貸	90%
		社会住宅	10%

カナダ住宅資料
「カナダ」（首都借家人協会連盟）〈資料2015年,9月GT〉ジョルディ・デント著

カナダのトロントの借家人たちは、50年前に「首都借家人連合、EMTA」を始動させた。EMTAは同地の借家人人口の50%を占め、トロント市はカナダ最大の借家人の都市となっている。しかし、1980年代には、誘導政策と補助金による賃貸住宅ストックが枯渇して以来、同市はもっぱら分譲アパート建設に注力している。分譲アパートは過去10年間に新築住宅の7割を占め、そのうち賃貸住宅はわずか8%に過ぎない。結果的に、賃貸住宅戸数の激減と家賃額の急騰が生じている。

1993年にカナダ全国低額住宅計画は打ち切られ、全国的な計画は放棄された。家主は借家の維持管理を怠り、あるいは不法な追い立てで借家人らをおびやかしている。住宅価格家賃は急騰しており、トロントの平均的な住宅価格は1億カナダドル、

120

約70万ユーロにもなっている。

「オーストラリア」
（クイーンズランド借家人連合、ニュー・サウス・ウェールズ借家人連合、オーストラリア・キャピタル・テリトリー借家人連合、ヴィクトリア借家人連合を含む）

「クイーンズランド借家人連合」 (Tenants' Union of Queensland, TUQ)

オーストラリアには全国的な家賃規制はなく、借家法は各州で扱っている。クイーンズランド州はノーザンテリトリー以外では最多の賃貸住宅の割合が最も高い。クイーンズランド全体では、77.4% の借家人が民間家主か不動産業者からの借家で、特にブリスベーンでの借家率が高い。

〈契約関係〉
・家賃規制
　当初家賃は規制されていない。借家人は社会住宅以外では異議を申し立てできない。
・家賃値上げの時期、方法
　値上げについては何の規制もない。家賃値上げは12ヶ月に1回できる。値上げの理由は不要である。しかし、契約期間終了時に更新し、あるいは、借家人が新契約書に調印して値上げに合意したならば——通常は不動産業者がそうさせる。通知は不要である。
・値上げへの異議申し立て
　借家人が値上げ額が過大と考えたらば、家賃見直しを求めて

賃貸借裁判所に申し立てできる。しかし、申立てには膨大な資料が必要なのでめったに申し立てがなされない。借家人は、もし裁判所が一定期間か、もしくは定期借家の契約期間での同意かを認めないならば、ともかく一定期間、家賃額を固定できる。しかし、重要なことに、この条項があまり適用されない。何故ならば、借家人が家主の根拠無き報復的な契約終了を恐れるからである。

1）定期借家契約　　借家人は、この通知を受領してから30日以内に契約を申請なければならない。

2）固定期間契約　　借家人は新固定期間契約書に署名した30日以内に裁判所に契約を申請しなければならない。しかし、申請書が不完全ならば、家賃値上げ率で固定期間にされる。

　　裁判所は申請書を判断する際に次の諸点を考慮する（一部割愛）。

（a）同等の建物に通常請求される市場家賃の範囲

（b）最近の家賃との比較

（c）建物修繕の状態

（d）賃貸借期間

（e）最後の値上げ後の期間――もしあれば。

（f）裁判所が関連すると考える事柄

・申請費用

　　申請費用は関係する資産額によるが、ほとんど申請は無料である。

・契約期間

　　ほとんどが6ヶ月間。当事者間で期間交渉は可能であり、時々変わる。オーストラリアの他の州で多くが12ヶ月になっている。固定期間契約は、期間終了により終わろうが終わるまいが、

自動的に定期借家契約となる。定期借家契約は当事者のどちら
かが契約を終わらせるまで継続する。しかし、クィーズラン
ドでは不動産業者は借家人が定期借家にとどまるのを認めず、
6ヶ月から12ヶ月の固定期間の借家に移るようにさせている。

・通告期間

　もし立退きの理由がないならば、通告期間は2ヶ月。特に理
由があれば更に短くなる。

・敷金

　4週間分の家賃。敷金をめぐる紛争は多く、珍しくない。

持家率	63%	
借家率 （2013-2014年）	36% ＊借家は全豪州の 31%	賃貸住宅・社会住宅　4% 民間賃貸　31% その他　2%

クィーンズランド　住宅資料　2016年

「ニュー・サウス・ウェールズ借家人連合（NSW）」　(Tenants Union of New South Wales)

〈家賃制度〉同州の借家の当初家賃については規制がなく、値
上げの理由も不要である。賃貸契約は2種類で、特定期間契約
は6ヶ月契約。定期借家契約は固定期間が終了したか、固定期
間が定められていない場合の契約である。

・家賃値上げの頻度

　家主は2年以上の固定契約の場合、1年に1回値上げ出来る。
定期借家契約のような他の契約では値上げに規制はない。値上
げは書面で通知しなければならない。値上げできるのは、少な
くとも通知日から60日後である。

・値上げに対する異議申し立て

借家人は、値上げ通知を受領後 30 日以内に、NSW 民間行政裁判所（NCAT）に申し立てできる。

NCAT は、新家賃が市場家賃と 7 つの要素（近隣の同様の建物の家賃、建物修繕の状態、昨年の値上げ額等）から適正かどうかを判断する。

借家人が法定最低賃金以上の所得者であれば、5 ～ 47 オーストラリアドルの申請費用が必要である。

・契約期間

固定期間契約は 99 年以下、通常は 2 年未満から始める。定期借家契約は不定期（固定期間後）。

・通告期間

終了させる理由がない場合は通常 90 日間、契約違反の場合は 14 日間。

・その他の情報

4 週間分の家賃、家主はしばしば建物損害補償費や清掃費を請求する。敷金の全額返還率は 53%、家主に全額返還 9%、当事者間分割 38%。

居住賃貸借法が現在見直し中で、借家人側は家賃値上げ関連規定の変化に関心を持っている。

持家率	66%	
借家率	31%	社会住宅　5% 民間賃貸　26%
その他（賃貸）	3%	

ニュー・サウス・ウェールズ借家人連合資料 2011 年

「オーストラリア・キャピタル・テリトリー借家人連合」

（ACT）（Tenants' Union of Australian Capital Territory）

同州では、当初家賃に規制はなく、値上げも理由は不要である。

〈契約関係〉
・家賃値上げの頻度

家賃値上げの金額、値上げの方法が提示されてない固定期間契約の場合、家賃値上げは出来ない。定期借家契約の場合は、最初の値上げが契約の始めからか、あるいは最後の値上げの時から 12 ヶ月未満間隔での値上げは許されない。

・値上げへの異議申し立て

借家人は異議申し立てを民間行政裁判所に対して、過剰な値上げ見直しの申請を値上げが効力を持つ 2 週間前にしなければならない。もし、値上げが昨年の消費者物価指数（CPI）より 20% 以上低い場合は、家賃が過大であると地判所を納得させねばならない。もし家賃が過大ならば、家主は過大でないと裁判所を納得させねばならない。申請費用は 68 オーストラリアドル。

裁判所は、昨年の家賃値上げ幅、建物修善の状態、家主の合意を得てした借家人の建物改善しによる建物の価値、比較した建物の家賃額等を考慮する。

・契約期間

全ての賃貸借契約の期間は不定期である。固定期間契約は終了すると自動的に定期借家契約になる。通常は民間住宅市場で

第二章　アメリカ合衆国、カナダ、オーストラリア（4州）　125

最初に固定期間契約で 12 ヶ月間、時には 6 ヶ月間の契約をする。借家人は固定期間の期間終了で契約を終えることができ、もし終了させなければ、自動的に継続中の定期借家契約の期間の定めのない、何年間も続けうる契約に移行する。

・通告期間

　もし家主、その家族や利害関係者が本当に建物居住を望むならば 4 週間。家主が建物の売却を意図するならば 8 週間。家主が建替え、改築または大規模修繕を意図するならば 12 週間。何の理由もなく終了させる場合は 26 週間が必要である。

・借家人の通告期間

　借家人が定期借家契約を終了させる通知期間は 3 週間である。

・敷金

　4 週間分の家賃。敷金はオーストラリアでは保証金（bond）と呼ばれる。それは ACT 賃貸借保証金事務所に預けられねばならない。保証金の返還紛争は民間行政裁判所が関係している。保証金返還紛争は、ACT、借家人連合が相談に応じている最も多い紛争である。

持家率	67.3%		
（賃貸住宅）	32.7%	借家率　29.7%	社会住宅　7.2% 民間賃貸　22.5%
		その他　3%	

オーストリア・キャピタル・テリトリー借家人連合資料　2014 年

「ヴィクトリア借家人連合」　（マーク・オブラエン著　資料2015年9月　グローバル・テナンツ　（Tenants Union of Victoria ）

ヴィクトリアの借家人は二級市民か?

　同州はオーストラリア南部の小さな州で人口590万人、借家人世帯は全体の4分の1を少し上回る45万世帯である。社会住宅率はわずかに約4%で、多数の低所得者層は多くの開発途上国のように大部分が規制のない民間賃貸住宅市場に依存している。見知らぬ訳ではない人物が、あなたの借家に入り込み、カメラやビデオで撮影し、インターネットに乗せて販売してしまう。その人物が家主だとして、あなたの抗議など無視してしまうが、政府は家主の行為を正当であるとした。何故ならば、同州では借家人が建物を使用する権利は極めて弱くて、借家人のプライヴァシーを守り、家主の営利追求行為を妨害する権利はない。しかも、何の過失もない多くの借家人が異議を申し立てる権利はほとんど無い。多くの低所得の借家人は、水道光熱費を除いて収入の五割以上を家賃支払いに当ててはいるが、家賃払いの遅れでの立退き紛争が多発している。賃貸借期間は極めて短く、平均わずか15ヶ月である。不動産業者や家主らが僅か12ヶ月の契約締結を要求するからである。このことが子供たちを学校に通わせ続けることを困難にしている。同州では、賃貸住宅品質の最低限の基準がなく、民間賃貸住宅市場の住宅には最低限の基本的設備がないか、危険な状態にある。社会住宅に入居出来る可能性は低く入居者は限定されている。政府は「借家人保護を改善するために居住用賃貸借法を見直しする」と発表した。ヴィクトリア借家人連合は、法改正の包括的なプログラムを州政府に提出したが、政府効な改革をする勇気があるか、ただプログラムの内容をいじくるだけか、まもなく判るだろう。

第三章　欧州諸国の住宅運動団体　（20 ヶ国）

> イングランド、北アイルランド、スコットランド、ウェールズ（以上英国）、デンマーク、オーストリア、オランダ、イタリア、スイス、ドイツ、スウェーデン、ベルギー、ノルウェイ、フィンランド、チェコ、ポーランド、スペイン、スロヴァキア、フランス、ラトヴィア

「イングランド」Tenants Participation Advisory Service、この他に National Federation of Tenant Management Organization, NFTMO がある。

　TPAS（借家人参加助言機関）は、イングランドで最古、最大の全国的借家人団体であり、現在は 1,800 の借家人団体が所属している。25 年前（1988 年頃）に創設された。組織はスコットランド TPAS のユニークな英国型発想で家主団体が――借家人団体による住宅ストックの管理を支援し促進する――を含んでいる。　直接的な政府補助金給付が終わったことから、TPAS は、会費からの収入を補う為に、借家人らが事業所得を基礎として教育し支援を続けている。2011 年から 2013 年の間に大きな取り組みがなされ、2013 年初めに、新たに政府系団体、「全国借家人の声」が政府への借家人の助言、影響力を増すために設立された。TPAS はその新組織を展開するに加えて、借家人の訓練や支援の役割を強化し続けている。イングランドに別の住宅団体がある。それが全国借家管理団体連合（NFTMO）で、1992年に創設された。全国の 125 の借家人団体が参加して 20 の地域代表団体（TMOs）を含む、パートの職員とボランティアによる執行委員会がある。TMO は、地方自治体や住宅協会の借

家人が集団で、NFTMO の住宅管理の責任を果たす組織である。1987 年に全国借家人・居住者連盟、NTRF が創設された。1997 年に 1970 年代後半に出来た全国的借家人団体 NTO が NTRF と合併して全国借家人・居住者連盟、TAROE が結成された。英国の社会住宅は、非営利住宅家主もしくは地方自治体の公営住宅か、主に住宅協会に登録された登録住宅家主（RSLs）のどちらかが所有する 500 万戸余り、賃貸住宅全体の約半数に該当する。

〈契約関係〉
・当初家賃の規制
　民間部門での家賃は契締結時に自由に交渉できる。
・当初家賃への異議申し立て
　借家人は、家賃が同様の建物の家賃より高いと考えたときに、市場家賃を査定する査定委員会に申し立てることが出来る。しかし、英国では家主の報復的追い立てから借家人を保護していない。
　借家人は裁判所にきわめてささやかな、長ったらしい異議申し立てを出来るが、ほとんどの借家人はこれをしたがらない。もし、カビを見つけたら、借家人は地方公共団体に環境、安全、健康問題として訴えることが出来る。
・家賃値上げ
　家賃値上げに何の規制もなく、値上げ理由も不要である。一般に家賃値上げは年 1 回可能と、契約書に記載されている。値上げは一定の形式で通知されねばならない。もし、借家人が同意できなければ、家賃査定委員会に行くことが出来る。問題は、英国法が家主の報復的追い立てからの借家人を保護しないこと

である。家主は理由無しに2ヶ月で立ち退かすことが出来る。

・契約期間

　ほとんどの民間賃貸借契約は6から12ヶ月で、その後は定期契約期間となる。

　しかし、当事者が合意すれば2週間、1ヶ月、6ヶ月、10年、その他の期間にすることが出来る。

・通告期間

　契約の残存期間、もしくは1ヶ月間に通告する。

　英国法は、借家人を家主の2ヶ月間での、理由無き、報復的な追い立てから保護しない。借家人は裁判所に契約終了への異議を申し立てる。

・敷金

　敷金は家賃1ヶ月分。敷金は、多くではないが保証金制度に当たる。家賃は1ヶ月分前払いが基準である。

・保証短期賃貸借制度

　1997年2月28日以降、年間2万5千ポンド未満の、全ての賃貸借契約は、もし保証賃貸借契約と認めると明記されてないならば、"保証賃貸借契約"とされる（年間2万5千ポンド以上の契約は自由に契約できる）。保証短期賃貸借契約は、借家人に当初6ヶ月の居住を、たとえ契約が6ヶ月未満でも、借家人が占有の基本的条件に違反してなければ保証する。その後は家主が借家

人を退去させるには、2ヶ月以内の"占有回復要求通知"が必要である。占有回復要求に理由は不要である。借家人が明渡しを拒否した場合は、家主は裁判所に回復命令を申し立てる。裁判所に決定権はなく、回復は容易で比較的に早い。契約がより長い固定期間の場合、家主は期間終了前に回復申し立ては出来ない。期間終了2ヶ月前に再度、占有回復要求通知を出さね

130

ばならない。

固定期間終了後は、1ヶ月ごとの定期借家契約になる。家主が借家人を立ち退かすには2ヶ月前までの通知が必要で、理由は不要である。

持家率	65%		
借家率	35%	社会住宅	15%
		民間賃貸	20%

イングランド　住宅資料 2014 年

「北アイルランド」　(Supporting Communities NI)

〈契約関係〉

・当初家賃

家賃は地元の家賃市場で決められ、大部分が自由で規制はない。しかし、少ないが、減少中の家賃規制住宅、より古い住宅や田舎のコテージなどがある。

・当初家賃への異議申し立て

全ての新規期賃貸借契約は、建物の外見状態と住まいの最低限基準に関する当局の適正査察を受ける。

・家賃値上げの頻度

多くの人がより長期の期間を要求しているが、一般的には12ヶ月に一度である。家賃値上げは当事者間で賃貸借契約の状態により決められる。

・値上げへの異議申し立て

家賃査定委員会は地方自治体省の出資で自立した機関で、同委員会は借家人や家主の要請で、家賃査定委員が家賃規制のた

めに適正な家賃を判定する。北アイルランドでは、借家人や家主が個々に地方の環境健康局、居住権サービス、または北アイルランド家主協会のような家主団体に助言を求めて争うならば、簡易裁判所で争うしかない。

・契約期間

　一般的には1年である。民間家賃部門でより長い期間を望む者が増えている。期間は短い方が家主に都合がいい。何故ならば、家主が建物売却を望む時や建物価格が高騰時期に契約期間は短い方が都合よい。更新になれば新たに家賃値上げを決定できるからである。

・通告期間

　期間5年未満の賃貸借契約では、書面での契約終了期間は4週間である。しかし、法定期間は、次のように修正されている。

　5年から10年間の賃貸借契約——通告が有効となる8週間以前に通告すると書かれていないならば、終了通告は無効である。

　10年以上の賃貸借契約——通告が有効となる12週間以前に通告すると書かれてなければ、通告は無効である。

・敷金

　一般には1ヶ月分家賃、賃貸借敷金機構に公式に定められている。例外として、3つの計画担当者、資金計画の3つに分離された担当行政官らが独立した紛争解決制度を提供する賃貸借敷金紛争の場合である。

　2013年4月1日以降は、北アイルランドでは民間賃貸住宅の全ての借家人の敷金は、公認の敷金機構で家主により保護されねばならない。なお、居住権アドバイザーらは、借家人と家主の間での敷金紛争に関する、極めて多くの問い合わせがある

と報告している。

持家率	66.5%		
借家率	29.5%	社会住宅	11.5%
		民間賃貸	18%
その他	4%		

北アイルランド住宅資料　　2011 年

「スコットランド」　　（TPAS　Scotland）

　スコットランド TPAS は、1982 年に創設された英国最古の住宅団体である。同団体は会員制で、12 名の理事と 6 名の借家人代表と 6 名の家主代表で運営されている。最近の極めて重要な活動は、政府、借家人と家主とともに国中にスコットランド社会住宅憲章者を普及させることである。政府は借家人の権利を強化し、積極的な借家人の参加を奨励する新法を導入している。

　TPAS は借家人らとともに借家人らの意見が政府に届くように活動している。借家人は家主に借家権が法的権利であることに気づかせる必要がある。住宅購入権はスコットランドの住宅供給に多大な影響を及ぼしている。しかし、政府は最近新法を制定した。それによると、住宅購入権を持ちたがらない借家人の新築住宅は売却されない、また、住んでいるが購入権を持つ借家人は購入権を失うが、その借家人は住み続けるか、権利を失うまでは住み続けられる。この政策で住宅購入権により住宅を失って移転せずに済む。この政策は供給を確保する新たな一歩である。政府は最近、住宅団体に新築住宅を建てる補助金を

第三章　欧州諸国の住宅運動団体　（20 ヶ国）　133

増額した。

〈契約関係〉
・当初家賃
　圧倒的多数の民間家賃は規制されていないが、1989年以前の家賃は公正家賃と呼ばれ規制される。
・当初家賃への異議申し立て
　短期保証賃貸借契約の借家人は異議を民間賃貸住宅委員会に申し立てできる。委員会は、家賃保証賃貸借契約の家賃が所在地の同様な建物の市場家賃より高いかどうかを調査する調査時間に期限はない。
　保証賃貸借契約の借家人は当初家賃の値上げに異議を申し立てできないが、家賃値上げを通告されたときは申し立てできる。
・家賃値上げの頻度
　もし、保証賃貸借契約が例えば6ヶ月、もしくは1年の固定期間ならば、家主は借家人が値上げに合意するか、値上げされる賃貸借状態でなければ、固定期間終了まで値上げは出来ない。
　家主は法的な形で例外的事情がなければ、家主は12ヶ月ごとに1回値上げできるだけである。
　もし、短期保証契約の家主は、契約の固定期間の終了時に賃貸借契約を更新するのならば、家賃値上げが出来る。
・家賃値上げの理由
　もし建物改善工事が行われていたならば、家主は値上げ理由を明示する必要は無い。
・家賃値上げへの異議申し立て
　借家人は民間賃貸住宅委員会への家賃問い合わせで異議申し

立てできる。

保証賃貸借契約の借家人は家主が値上げを通知したときに異議申し立てできる。短期保証賃貸借契約の借家人は、いつでも異議申し立てできる。

費用は不要である。

・契約期間

保証賃貸借——当初期間の1ヶ月後から始まり、適正な通告と明確な契約終了理由が示される時まで同じ期間が続く。保証賃貸借で家主と借家人は、賃貸借期間を例えば、1週間、2週間、1ヶ月、3ヶ月等々で合意して決められるが、一般的ではない。

2）短期保証賃貸借——保証賃貸借。契約の短期型で、期間は最低6ヶ月。家主は適切な通知を契約の終了に当たり行うが、終了の理由は不要である。

・通告期間

短期保証契約は最低限2ヶ月。保証賃貸借契約は契約期間の長さによる。28日間なら1ヶ月まで、31日間は3ヶ月まで、40日ならば4ヶ月以上である。

・敷金

1ヶ月分家賃もしくは最大2ヶ月分家賃。敷金返還に関する問題が生じている。賃貸借敷金機構が存在し、家主は敷金を公認賃貸借敷金機構に返還する法的な義務がある。この機構は、敷金が返還されるまで敷金を保護する独立した機関である。

その他の情報

重要なことは、多くの民間賃貸借契約に関する完全な改定作業が進められていることである。

多分、2017年末には施行されるだろう。それは、賃貸借契

約の終了理由、通告期間の長さと家賃値上げについて既存の契約に影響を及ぼすだろう。

持家率	58%		
借家率	38%	社会住宅	23%
		民間賃貸	15%
その他	4%		

スコットランド住宅資料　2015 年

「ウェールズ」 (TPAS　Wales)

　民間賃貸住宅は国内の全建物の 31% を占め、2020 年には社会住宅を追い越すウェールズで有力な市場とされている。

　ウエールズ TPAS は、20 年以上ウェールズの社会住宅の借家人と家主を支援し、借家人らの訓練、支援、実践計画と政策活動により、効果的な活動を展開し、多大な実績をあげている。彼らは借家人の将来と利益に関する問題についての、広範な社会住宅に関するついての知識を有している。

　TPAS は 200 以上の借家人団体と、ほとんどのウェールズの社会住宅家主を含む非営利会員組織である。TPAS は、住宅と地域の改善のために社会住宅家主、他の公的機関とともに借家人らの参加を促進させている。主要目的は、(1) 借家人、家主が地域や住宅問題に判断を下し行動するのを支援する。(2) 借家人の住宅や地域の問題への参加効果を改善する最善の実践行為を普及させ、経験や最善の実践を共有する。(3) 借家人や社会住宅に影響を与える政策を監視し、政策展開に対応する借家人や家主の見解や経験を集めて、政策に影響し借家人らの参加

を促進する。

〈契約関係〉

・当初家賃の値上げ

　実際には、民間家賃は市場状態で決まる。家賃は広域市場査定地域と評価事務所の公表した、ウェールズの地域住宅割当率（LHA）から導かれる。これらは広範囲に及ぶ市場の平均的家賃に基づいている。民間家賃は建物の種類、規模と所在地により決まるが、品質、エネルギー効率によることはまれである。

・当初家賃への異議申し立て

　借家人は家賃値上げへの異議申し立てを契約期間の最初の6ヶ月以内にしなければならない。新たに提案された家賃の場合は、借家人は家賃局に異議を申し立てることが出来る。家賃が不当だと言う議論を進めるのは借家人で、建物の状態や他の家賃との比較がしばしば用いられる。家賃局で家賃見直しされることは極めてまれであり、多分借家権の理解不足や報復的立退き、または費用請求への恐れによる。

・値上げの頻度及び程度

　値上げ額には制限はない。値上げ請求は書面で示されるべきである。賃貸借契約は通常は毎年更新される。

・値上げへの異議申し立て

　借家人には値上げされる前に家賃査定委員会に値上げを通知されたことを伝える。査定委員会に通知が知らされたら、査定委員会の判断が未決のままで、家賃値上げは効力を持たない。家賃値上げへの異議申し立ては家賃局、政府の機関である居住用建物裁判所で処理される。新契約をしないならば、借家人は6ヶ月以内に値上げに異議申し立てをしなければならない。裁

判所への費用は、紛争する家賃額により決まり、50から350ポンドの範囲である。申立てに関する相談料は150ポンドである。

・契約期間民間賃貸部門（PRS）の基準は6ヶ月間の短期ホールド賃貸借であり、この契約には極端な場合でなければ、家主が6ヶ月間借家人を追い立てることは出来ない猶予期間がある。それ故に借家人低限6ヶ月間は安定して居住できる。より長期の契約を不動産業者や家主と契約できるが、極めてまれである。賃貸借の契約期間は最初6ヶ月間で、それ以降は1ヶ月ごとの定期借家契約になる傾向がある。

・通告期間

家主2ヶ月、借家人は1ヶ月。家主は理由を通告する必要はない。

・敷金

平均して1ヶ月分家賃以上、一般的に約450から500ポンド。

敷金が請求されたらば、敷金は政府公認の敷金保護機構により保管される。一部の不動産業者や家主は、ペットや契約による損害を軽減するために、特別料金、数週また数ヶ月分の家賃額を請求している。PRSは借家人のリスクを査定する、十分な情報ネットワークを持っている。

・敷金返還問題

家主は概して敷金を自分のものとして考え要求する——敷金保護機構は借家人らに家主との調停を申し出て、借家人に家主の不当な請求に取り組ませる。しかしながら、借家人は家主に反対意見を認めさせうる交渉力、計算力が求められるため、この制度は、借家人らにとって精神面、能力面で不利に働くようになっている。

持家率	69%		
借家率	31%	社会住宅	16%
		民間賃貸	15%

ウエールズ　住宅資料　2014-2015 年

「デンマーク」 （Tenants Organization of Denmark）

　最初の全国的借家人協会は 1917 年に設立された。1966 年に2 つの競合組織が合併して、デンマーク借家人協会を結成した。現在全世帯の約 40% が借家をしており、その半数が非営利住宅協会の借家である。デンマーク借家人協会は、5 万世帯の会員を抱える、30 の地方借家人協会で構成されている。会員の3 分の 2 が借家人協会との団体契約に調印している。年 4 回、約 8 万人の購読者に機関誌を送付している。

〈契約関係〉
・当初家賃の規制
　1973 年まで建てられたアパートは大抵家賃規制されている（77%）。1973 年以後に建てられた建物の家賃は "建物の価値"で決められる（11%）。1991 年以後の建物は無規制で自由家賃である（13%）。
　当初家賃は契約調印後 12 ヶ月以内に家賃裁判所に異議申し立てできる。
・値上げの頻度と理由
　値上げ頻度に規制はない。値上げ理由は、水道光熱費のような経費の増加により、それは、契約してからか、もしくは最新

の値上げから2年後に文書でしなければならない。もし、家主は家賃がアパートの価値を大きく下回っていることを示せれば値上げできる。値上げは書面で請求され、借家法の一定の条件に合致しなければならない。

・値上げの異議申し立て

借家人は、いつでも家賃値上げに対し、地方自治体の家賃裁判所に異議申し立てできる。借家人は、家賃が計算が正確でないか、建物の価値を大きく上回るならば、家賃値上げの請求書を受領したときから6週間以内に異議申し立てできる。申し立て費用は149DEK（19ユーロ）。

・契約期間

一般的に2年間だが、法的に決められた期間ではない。

2年後に契約は、もし家主が2年契約終了後1ヶ月以内に終了を通告しないならば、自動的に期限の定めのない契約になる。それ故、家主は1年間の自由継続期間を通告できる。契約期間は2種類ある。

（1）家主の事情で保証された限定の固定期間　（2）何の合意がないならば、通常は無期限期間。

・通告期間

賃貸契約終了の理由により、通告期間は固定期間契約は3ヶ月から12ヶ月までの期間。

期間の定めない賃貸借契約は通常は3ヶ月間の通知により終了する。

・終了理由

借家人——建物に欠陥があるか、家主が直ちに修繕をしない、または適正な期間内に修繕できないならば、借家人は欠陥箇所が重大かつ必要不可欠な部分で家主が不正行為をしていると思

えるならば、通告なしに契約を終わらすことが出来る。

　家主──家賃支払いが遅延するか、反社会的行為があれば、住まいに配慮する必要は無く終了することが出来る。

　家主が建物を家主自身の目的のため使用したいときは、12ヶ月の通知期間で契約を終了できる。

・敷金

　最大限3ヶ月分家賃。

　通常は、借家人が1ヶ月か2ヶ月以内に資金を返還される。もし家主が資金返還を拒否した場合は、借家人は家賃裁判所に敷金返還を請求しなければならない。これには3〜4ヶ月以上かかる。

持家率	58%		
借家率	42%	民間賃貸	20%
		公的賃貸	20%
		その他	2%

デンマーク住宅資料　　2011 年

「オーストリア」 (Austrian Tenants Association)

　オーストリア借家人連合（MVÖ）は1911年に創設され、現在7万名の会員がいる。財政は会費でまかなわれ自立している。年に4回機関誌「フェア・ヴォーネン」と法律関係の雑誌を発行している。また、会員を最高裁判所まで法的支援をしている。同連合は、賃貸住宅、借家権に関係する全ての問題でロビーイング活動をしている。2011-2013年の間は、同連合は2013年9月の総選挙後に続く、借家法の大改革についての議論に参加

した。また、エネルギー消費量の測定に関する適正なエネルギー法の改革を行った。敷金と仲介業者の手数料を改善した。

〈契約関係〉

・家賃規制としては、借家法の適用される契約で家賃の規定が 1981 年 12 月 31 日以降に締結されたのならば、3 種類の家賃規制がある。

1）適正家賃

自由な市場家賃を規模、タイプ、所在地と備え付け家具、維持管理状態の面から管理規制する。

一般的に、適正家賃は 1945 年 5 月 8 日以後に建築された、130 平米以上の賃貸住宅に関するものである。建物引き渡しの一年以上前にした、書面による賃貸借契約には家賃規制がない。

2）カテゴリー家賃

カテゴリー家賃は、設備の水準（基準）による住まいの区分で家賃を規制する。家賃協定は 1982 年から 1994 年の間に締結されたものと、1994 年 3 月 1 日以降に締結されたものである。各カテゴリー家賃の最大限度額は毎月額の 1 平米当りの家賃で決める。

3）基準価値家賃

基準価値家賃は家賃の協定が 1994 年 3 月 1 日以後に締結されたもの。

・当初家賃の規制

家賃規制は民間賃貸住宅市場に無く、1953 年以降に建てられた、ほとんどの新築住宅を含んでいる。家賃は民間住宅部門で、1954 年以前に建てられた古い建物の家賃は規制されている。

・家賃値上げの頻度

　法的には値上げのほとんどは、カテゴリー家賃と基準価値家賃で、通常値上げは2から3年ごとでインフレ率に繋がっている。借家法では、2つの家賃値上げの例外規定があり、家主は物価上昇スライド制に関わらず値上げできる。(1) 家主の最低限度の家賃を規定しており、家主は家賃協定にかかわらず値上げできる。(2) もし、必要な修善作業があり、その費用を補うのに過去と将来の10年間の家賃で不足するならば、家主はより高い家賃を請求できる。

・借家人の異議申し立て

　オーストリア当局は、一種の調停委員会に家賃値上げへの異議申し立てを扱わせている。借家人は高すぎると思う値上げに対しては、借家法に基づき調停か裁判で取り組める。

・家賃規制が無い住宅の場合

　家賃が極めて高額の場合、または住宅環境が建築騒音や破損箇所があるなど劣悪ならば、家賃を減額できる。家賃規制された地域の家賃は、契約締結日より3年以内に異議も申し立てできる。借家人は契約終了の6ヶ月以内ならば、固定期間の契約の当初家賃に異議申し立てできる。

・新家賃への異議申し立ての理由

　新家賃が借家法に認められているより高い家賃ならば可能である。異議申し立ては3ヶ月以内である。

　値上げが家賃協定書に基づかないならば、異議申し立てでき、時間に制限はない。家賃規制の無い住宅の値上げは家賃協定書に基づかないのならば、異議申し立て出来る。

・契約期間

　当事者は期間未定か固定期間に合意して決めることが出来

る。規制された地域での家賃固定期間は、最低 3 年間である。もし当事者がより短い期間に合意したならば、不法な固定期間となり、賃貸借契約は法的には期間の定めがないとされる。

・通告期間

　固定期間契約——家主は固定期間に従う。借家人は 3 ヶ月の期間内に通知し一年後に終了出来る。

　期間不定期契約——当事者が賃貸借契約で何も決めてなければ、両者は 1 ヶ月の通告期間となる。

・敷金

　3 ヶ月分家賃が最も一般的。6 ヶ月分家賃可能である。オーストリア借家人協会は多くの敷金返還に関する事件を扱っている。多くの家主は、自分の金でない敷金を次の借主のための建物改装費に充てている。

持家率	49%	
借家率	41%	公営住宅　　20%
		民間賃貸　　41%
		収益制限賃貸　　39%
その他	10%	

オーストリア住宅資料　　2015　FFHE

「オランダ」　(Nederlandse Woonbond)

　オランダ借家人連合、ウーンボンドは、150 万以上の借家人世帯を代表する。これは 2001 年にオランダの全借家人世帯の35% に、現在は 51.5% に該当している。同連合は 548 の会員組織と、彼らによる居住者委員会により組織されている。個人

会員組織としては6千名の会員がいる。

　2010年以降、オランダではリベラルなロット首相の右翼政権による政治が続き、2012年の選挙後は社会民主主義政権に参加したが、借家権や社会制度に重大な打撃を与えた。2011年、政府は住宅手当予算を削減し、全ての賃貸住宅の家賃最大限度額を123ユーロに引き上げる計画を公表した。政府は、EUと年収3万4千ユーロ以上の世帯に廉価な住宅供給する住宅団体を禁止する合意書を交わした。2012年には政府は住宅購入権を全社会住宅の75%に導入すると発表した。借家人連合は借家権を守る政治的活動、宣伝と代替案を示す活動を展開した。また、住宅を借りられない4千件以上もの事例を集めて住宅大臣に送り、国際会議で討議するよう約束させた。2013年に家賃値上げ関連法律が可決したが、値上げ率の一部引き下げや、減収の場合の例外規定などの幾つかの緩和策を組み込ませた。また借家人への攻勢への反対活動として、全国的署名活動を行い6万名分の署名を集めた。

〈契約関係〉
・当初家賃の規制
　オランダの家賃の90%が規制されている。その賃貸住宅（アパート、戸建て）家賃は月額711ユーロ以下（2016年）。これらの住宅は社会住宅と呼ばれ、ポイント制（規模、設備、市場家賃等）により決まり、ポイントは最大家賃と対応している。
・家賃値上げへの異議申し立て
　もし借家人は家賃が高すぎると思ったら、賃貸借委員会や裁判に申し立てる。これは規制無しの家賃化または、自由化されるのを防ぐためで、6ヶ月以内に可能である。家主は711ユー

ロ以上の家賃を要求して、家賃規制無し住宅か、自由化された家賃住宅にするためである。借家人がポイントを計算し直して、より低い最大限額につながれば、値上げ見直しに取り組む。毎年 1,600 件の当初家賃の申し立てがあり、その 80% が借家人の主張通りで認められている。

・値上げの頻度、異議申し立て制度

公式には 1 月 1 日、年に 1 回値上げできる。

・家賃値上げでの規制——家賃規制住宅では、インフレ率プラス所得上昇率で決める。

家賃規制無し住宅——規制なしでは家賃は家主と借家人の間で自由に交渉して決める。一年毎の値上げの制度は家賃条項が契約書にあり、しばしばインフレ率に基づいている。

借家人の値上げ異議申し立ては 2 ヶ月以内に、賃貸借委員会にしなければならない。借家人はポイント制度から新家賃が高過ぎであると疑うならば、異議申し立てをすることが出来る、借家人は、予め 25 ユーロを支払い、申し立てが認められれば、この金額は返還される。

・契約期間

借家人は賃貸借期間未定の契約を家賃非規制地域（社会住宅）でも、家賃規制地域（自由化地域）でも出来る。賃借権保護は強力で、一定の条件で学生や 28 歳までの若い人に 5 年間限定の賃貸借契約がある。2016 年の 1 月 1 日以降は、当事者合意すれば 2 年限定の例外的な期間か、最短 1 年限定の契約も可能である。

・通告期間

家主が解約通告を出来るのは極めて稀で、家賃支払遅延や、管理義務違反や不法行為による違反による時のみである。家主

が建物の自己使用が必要なときは、その証明が必要である。借家人は通告期間が限定されていたらば 3 ヶ月、期間が限定されてなければ 1 ヶ月必要である。

・敷金

　1 ヶ月家賃が一般的で、2 ヶ月分家賃も時々ある。3 ヶ月分家賃は裁判所では不当と考えられている。

　敷金は建物返還後直ちに返却されるべきである。問題は稀にしか発生しない。

持家率	60%		
借家率	40%	社会住宅	30%
		民間賃貸住宅	10%

オランダ住宅資料　　2012 年

「イタリア」　(National Union of Private and Social tenants)

　SICET、　住宅・地域借家人連合は、イタリアの 3 大主要借家人団体のひとつである。1997 年以降は CISL, イタリア労働組合連合と合併し、借家人の要求を充分に代弁している。SICET は借家人らに打撃を与える州、地域、都市レベルの公共予算削減を防ぐことに務めた。SICET は貧しい、追い立てられている借家人世帯に財政援助をする公的住宅、もしくは社会住宅を建てることを目指している。今後二年間で 25 万名が立退かされると推定されているが、イタリア全土で 15 万名以上の、家賃に関連して苦しむ借家人を援助している。この他に全国民間賃貸住宅・社会住宅借家人連合、SUNIA がある。

第三章　欧州諸国の住宅運動団体　（20 ヶ国）　147

〈契約関係〉

・当初家賃の規制

　イタリアでは規制ありも規制なしにも出来る。一般に家賃額を賃貸期間中は変更できない。しかし、家主は消費者物価の変動による指標——全国統計協会が決定した——により値上げできる。家主は値上げをやめて、その代わり税制優遇措置を受けることも出来るが、そのような例は極めて稀である。

・2種類の賃貸借契約

1）自由賃貸借契約は家賃規制がなく、少なくとも4年を2回の8年の期間。最初の4年後は従前と同額の家賃の4年間。この契約は最低8年契約で家主は8年後に契約を終了出来る。

2）規制賃貸借契約は少なくとも、3年プラス2年間の5年契約で家主は税制優遇措置を受けられる。

　家主は「賃貸モデル」を選択すると、5年間は統計上の数値の変動以外には5年間家賃値上げが出来ない。家賃は2回目の期間年経過後に値上げできる。

　もし、より短い期間の借家契約、1年ないし2年の契約を望むならば、"一時契約"を使わねばならない。

　一時契約は学生か、仕事条件による。期間は3ヶ月から18ヶ月で、12ヶ月から12ヶ月へ契約も可能で更新も可能である。もし、学生ならば、6ヶ月から39ヶ月間借りられる。一時契約は借家人または持主に必要とする事情がなければならない。賃貸期間が満了したら、新契約に署名しなければならない。新契約では統計指標の変動がなければ、同額で更新されねばならない。

・当初家賃への異議申し立て

　もし家賃が規制賃貸借契約でないならば、"地域連合協定書"

に定められた範囲内の家賃に拘束されない。自由な、規制のない家賃は異議申し立てできない。

・家賃値上げの頻度、範囲

　毎年値上げできる。全国統計協会の決定した統計指標、消費者物価の変動に基づく指標の範囲内で決まる。値上げ通知は書面でする。

・契約期間

　契約期間は法律で決められている。

　自由賃貸借契約——最低限4年、4年の8年契約。

　規制賃貸借契約——最低限3年、2年の5年契約。自由、規制ともに当事者間の交渉で決められる。

・通告期間

　通常は6ヶ月。

・敷金

　1から3ヶ月分家賃。通常は敷金取戻しで問題は起きていない。

持家率	80%		
借家率	19%	社会住宅	5%
		民間賃貸	14%
その他	1%		

イタリア住宅資料　　2012年

「スイス」 （Swiss Tenants Association）

　スイスの借家人組織は20世紀初期に大都市で現れた。当時の組織の主たる目的は借家人へのより良く安い燃料の供給で

あった。借家人協会は、石炭、薪、暖房器具を会員により有利
な条件で供給した。

　スイス借家人協会は 3 つの地域、それぞれ 3 主要言語領域
にわかれ、チューリッヒ、ジュネーヴ、メッサーニョに事務所
を設置している。全部で 30 の地元地域に 21 万名以上の会員
を抱える 3 団体が存在する。協会は家主、連邦政府、各州及び
当局並びに地方自治体議会に対し、借家人の利益を守るロビー
イング活動を行っている。協会は、借家人会員に家賃、住宅に
関する様々なサービスを提供する専門的な団体である。

〈契約関係〉
・家賃規制
　当初家賃は当事者間の自由な交渉で決められる。規制なし。
・値上げへの異議申し立て
　もし、借家人が家賃額は不当か法外であると考える時、家主
が投資額から過大な収益を受け取る時は異議申し立てできる。
2016 年に家主の純利益は、投資額の 2.25% を超えてはならな
いとされた。借家人は、部屋の鍵を受領してから 30 日以内に
異議申し立てすべきである。しかし、何万件もの新規契約の僅
か 800 件しか家賃への異議申し立てされていない。
・家賃値上げの頻度
　契約終終了するたびに、期間終了時に値上げ出来る。値上げ
は公式に提示され値上げ額に制限は無い。
・値上げ理由
　住宅ローン率を含む諸費用の上昇、インフレ率、付加的なサー
ビス費用、より長い賃貸借期間 (5-7 年)、近隣の新規通常家賃
との比較など。

・値上げへの異議申し立て

　30 日以内に、裁判所か、各州にある家賃裁判所に申し立てる。

・契約期間

　契約期間は家主、借家人間で自由に交渉できる。契約が期間修了の 3 ヶ月前に解約されなければ、更新できる。基本的に期間の継続は自由である。

・通告期間

　借家人、家主ともに期間修了前の最低 3 ヶ月。もし、借家人が家主に支払能力があり、同じ期間の契約を望む新借家人を紹介すれば、30 日間の通告で充分である。

・敷金

　通常は 3 ヶ月分家賃。銀行口座は借家人と家主の名義を使う。資金返還は、当事者間の契約書によるか、または、もし、家主が返還手続きを始めないならば、契約終了後最長 1 ヶ年後に返還する。

・その他の情報

　スイスでは安い家賃の住宅が、特に都市部で不足している。低廉家賃住宅率はスイスで僅か 1.19%、でバーゼルで 0.34%、ジュネーヴで 0.41%、チューリッヒで 0.78% など。

持家率	37%		
借家率	63%	社会住宅	4%　（2.52%）
		民間賃貸	96%（60.48%）

スイス住宅資料　　2014 年

「ドイツ」 (German Tenants' Association／(Deutscher Mieterbund eV ,DMB)

DMBについて

ドイツ借家人同盟 (DMB) は 1900 年に創設された。DMB は、完全に会員の会費のみで資金調達しており、政治的に独立した、ドイツの全ての借家人の政治的代表である。DMB には州レベルで 15 の借家人協会があり、地域の 322 の協会事務所があって、550 の相談センターが組織されている。DMB には千 3 百名の常勤職員と 2 千 5 百名のボランティアが働いている。現在、地域の借家人協会には 124 万世帯の会員がおり、300 万名の借家人を代表している。主たる活動は、ロビーイング、法律的な助言、消費者相談と出版である。機関誌「ミィーター・ツァイツング」は年間 6 回発行され、64 万世帯に配布されている。DMB の政治的活動の中心は、最近までは 2013 年 5 月に始まった借家法の改正であった。残念ながら、DMB の提案はほんの僅かしか採用されなかった。法律改正は借家人に不利なもので、我々はこの法律に賛同していない。

近年の政治的状況

住宅と都市開発関連の問題はここ 2 年間で重要性を増している。我々の活動は昨年成果を上げた。

都市部での住宅と不動産投資への需要が増大している。しかし、最近、建物の建設は低迷しており、その結果住宅不足をもたらし、家賃や不動産市場での高騰を招いている。住宅不足は、低所得世帯、学生、若い家族、低所得の引退者らに特に打撃となっている。住宅不足は、需要の低い、空き家の多い地方と明

確な対照をなしている。新たな廉価の借家建設に取り組まねば
ならないが、社会住宅のストックは毎年減少しており、これは
止められねばならない。ドイツには緊急に社会住宅が必要で、
外国の投資家へ売却すべきでない。更に、ドイツは社会福祉的
な公正な借家法が必要である。2013年5月からの改正借家法
での借家権後退は見なおし、借家権は強化されねばならない。

〈契約関係〉
・当初家賃
　当初家賃は新借家人が入居するときに、自由に交渉し決める
ことが出来る。しかし、家賃は標準家賃表、Miet・Spiegel（ミー
ト・シュピーゲル）の公式リストに照会した家賃額に制限される。
もし、建物が規制住宅のとき、同種の建物の家賃額を20%超
えて請求すると、家主は罰金を科せられる。
　2015年に民間賃貸市場の新賃貸借契約の値上げに上限限度
額が定められている。2015年6月現在、連邦政府は家賃値上
げの上限制限を始めている。家賃値上げ上限は厳しい住宅事情
の住宅市場にだけ、連邦政府により決定されねばならず、家賃
値上げはその地域の一般的な家賃額に照合して10%以上とな
ることは認められない。ミート・シュピーゲルは可能な値上げ
額の指標として使われる。新築住宅の最初の賃貸借ではこの規
制は適用されない。上限規制は約3百の都市で適用されている。
・当初家賃への異議申し立て
　もし、家賃が高すぎると地方裁判所に申し立て出来る。
・家賃値上げ
　契約の最初の15ヶ月は値上げできない。最速でも最後の値
上げから一年後に書面で通知する。家賃値上げの上限規制は契

第三章　欧州諸国の住宅運動団体（20ヶ国）　153

約中の家賃の値上げ制限である。家主は地元の平均的な家賃と照合した額にまで値上げを要求できる。家賃は 3 年以内に 20% 以上の値上げは認められない。

・厳しい住宅事情地域での家賃値上げ

2013 年以降、連邦政府は既存の家賃を 3 年以内に 15% 以上の値上げを認めない地域を決定することを法制化とした。この規制では改築の程度や経費の変動は除外された。現在では 11 州で、既存借家契約での値上げ上限は 15% まで下げられた。

・家賃値上げの理由

ミート・シュピーゲル、標準家賃表に従っての理由だけが認められる。家主は、もし、建物の近代化もしくは、改築をエネルギー節約のためにしたいと望むならば、当初家賃を値上げできる。家主は、この借家に投じた費用の 11% を年間家賃に値上げ出来る。

・値上げへの異議申し立て

値上げ額が高すぎれば地方裁判所に申し立てる。DMB は借家人側の代表となれるし、裁判費用を補うための保険に入っていれば訴訟費用はかからない。

・契約期間

期限の定めのない契約が基準である。当事者間で期限ありか、期限無しかを交渉して決めるが、期限の定め無しが標準的である。期限付契約は期間終了か、家主自身か家族の為に、あるいは改築のために建物を使用するとき契約は終了する。期限付契約には最大限度の期間はない。全ての契約は 1 年以上継続し、契約は書面による。

・通告期間

家主は 3 から 9 ヶ月、それまでの契約期間の長さによる。

借家人は一般的に 3 ヶ月間に通告しなければならない。

・敷金

敷金は 3 ヶ月分家賃を超えてはならない。敷金は直接家主の預金口座に利息込みで支払われねばならない。家主は借家人が鍵を手渡すときか、最大限度 6 ヶ月以内に敷金を返還しなければならない。

家主が敷金を返還しないときは、敷金を取り戻すのは容易ではない。もし、返還されない時には借家人は公式に返還請求をしなければならない。

・エネルギー効率化への近代化費用の削減

毎年近代化費用の 11% を家賃値上げできる。8 年間以内で最大限 1 平米当り、3 ユーロとする。

中低所得の世帯がエネルギー・リノヴェーションや近代化による家賃値上げでの立退きを防ぐため、値上げ額を減らすことが極めて重要である。

政府の第二次改正借家法案では、エネルギー効率近代化費用の借家人負担割合を 11% から 8% に減少させるとしている。近代化後に住宅に所得の 40% 以上を支払わねばならない借家人は、規制の困難さを訴えることが出来る。

持家率	45%		
借家率	55%	社会住宅	4%
		民間賃貸	51%

ドイツ住宅資料　2013 年

「スウェーデン」 (Swedish Union of Tenants)

スウェーデン借家人連合、SUT は 1923 年創設され、現在 52 万 8 千世帯の会員がいる。会費は月額 9 ユーロ。9 地域全部で 750 名の職員と 1 万 1 千名のボランティアがいる。毎月発行の機関誌が会員、職員とボランティアに、全部で 53 万 5 千戸に送付されている。

重要な活動

SUT の主たる任務は、スウェーデンの公的及び民間部門の借家人のために家賃値上げ率を交渉することである。最近の交渉で極めて穏当な家賃値上げ率を決定する成果を、2011 年に 2.45%、2013 年 1.9% として挙げている。2011 年に公的住宅会社をより事業的方向に向ける新法が発効した。それで、政府は民間住宅会社を利益率から見て活動するのであろう。新法はスウェーデン不動産連盟の欧州委員会へ苦情を訴えた成果である。SUT は政府との対話と公開ロビーイングにより、市場家賃が影響を受けないよう充分活動した。我々は住宅会社との交渉を続ける。また別の新法が借家人所有の協同組合住宅のサブリース家賃に重荷となっている。家主は現在、住宅ローンの費用分を家賃に乗せているが、これは今までは出来なかったことである。これが大都市の住宅市場で最も無防備な人々への市場家賃となっている。SUT は多くの会員をロビーイングに動員するので、政治家たちも SUT の主張にも耳を傾けざるを得ない。SUT は政治的に独立しているので、政府の関与する問題に影響力を発揮している。スウェーデンの政治家たちは住宅問題から手を引いて未解決のままにしているため、住宅は市場と

業者の問題となっている。SUT は住宅問題を総選挙での政治家にとっての重要課題としてする様に活動している。それらの問題とは以下の通りである。

(1) 安い家賃住宅の不足で、スウェーデンの 290 地方自治体のほぼ半分が住宅不足である。住宅不足問題には地方自治体の住宅計画、規制、建築費に関する提案と政治的目的が関係している。(2) 税制は持家と賃貸住宅間で中立的ではない。保有の中立性は金融制度と税制度が消費者の選択を歪めるべきではないことを意味する。(3) 1960 年代、1970 年代の住宅地域の約 60 万戸は、大規模な改築対象になっている。そのための融資制度、計画決定過程と借家人への影響は重大な問題である。

(4) スウェーデン不動産連盟と家主らは市場家賃を主張し続けているが、スウェーデンの諸政党はその様な展開を支持していない。また社会住宅の欧州モデルも支持されていない。しかし、このことは変えられうる。賃貸住宅の重要性については、スウェーデンでは諸政党、諸団体と各企業間で一般的に、賃貸住宅は労働市場の重要問題であり、社会の成長と福祉問題のための重要部分だとする合意がある。

〈契約関係〉

・当初家賃の規制

スウェーデンでは、家賃は SUT と家主、民間と公営住宅の家主たちとの集団交渉により決められる。

約 3 百万名分の家賃交渉は全借家人の 90% 以上をカヴァーしている。家賃設定は市場の均衡状態での借家人への、多くの様々な借家の有用性の反映に基づいている。これには建物の地理的条件、建物の品質及び近隣地域ならびにアパートの実際の

品質、水準や状態を含んでいる。家主と借家人は集団交渉での家賃より低い額、より高くない額で合意することは出来る。新築建物はより古い建物と比べて、家賃はより高く設定出来る。これは家賃水準が建築や土地購入でのより高い費用を反映していることを意味する。こうした全般的な状況と異なる家賃がここ15年間持続している。

　これらは有用性価値体系の中で家賃を反映するよう引き下げか引き上げが必要だろう。

　家主による家賃の直接的値上げは、家主が国内の8つの地方裁判所で値上げ訴訟に取り組む危険を犯すことである。

・当初家賃の値上げ

　値上げから最初の6ヶ月後に借家人が家賃裁判所に持ち込むが、めったに起きない。

・値上げの頻度

　年に1回が普通だが、年に2回も可能である。

・値上げ額の制限

　新規家賃は同様の水準、所在地のアパートの家賃より5%以上高く出来ない。もし家賃が利用価よりもひどく低ければ値上げできるが、年間家賃は3代表、SUTと民間家主、公的家主の代表者間の交渉により、インフレ率、エネルギー費、可能ならば改装費用などで決められる。

・値上げへの申し立て

　家賃値上げの2つのやり方

　(1) もし家主がSUTとの家賃集団交渉に合意しているならば、借家人は値上げが効力を生じてから、遅くとも3ヶ月後には家賃値上げへの異議を家賃裁判所に申し立てる。(2) 借家人が値上げを受け入れず、家主が集団交渉の結果を受け入れないなら

ば、家賃裁判所に訴訟を持ち込まねばならない。借家人は家賃裁判所が新家賃を決めるまで、値上げ家賃を支払ってならない。

・契約期間

　一般的に契約期間は未定である。

・通告期間

　期間未定契約もしくは期間3ヶ月以上は3ヶ月（家主、借家人）、期間限定契約の、2から3ヶ月契約は1週間（借家人）、3ヶ月以上の契約は3ヶ月。

・賃貸期期間終了前の契約終了理由

　家主は充分な契約終了の法的根拠を次のような場合は有する。家賃支払いの1週間の遅延（もし借家人が通告を受け取った後、3週間以内に支払えば遅延を許容される。）、反社会的行為（迷惑行為）、住居内における違法行為

・敷金

　一般的に家主との直接の賃貸借契には敷金は不要。しかし、転貸借契約に敷金はしばしばあり、問題が増加している。

・その他の情報

　スウェーデンの家賃集団交渉での決定は、完全な市場依存のオフィス賃貸借よりも長年安定して高収益をもたらしている。持家建設は、住宅の供給を制限するものでない自由な価格設定を示唆しているにもかかわらず、充分に増大していない。供給の広がらないのは多分、世帯の支払い能力の限界であり、市場政策の失敗であろう。これらの失敗を克服することは大衆の要望に応えることになろう。

持家率	64%		
借家率	36%	民間借家　18% 公的借家　18%	

スウェーデン住宅資料　　2012 年

「ベルギー」（フランダース）（The Flemish Tenants Platform）

　フランドルの借家人の活動の場とは、フランドル借家人連合と、社会住宅借家人団体を支援する上部の団体である。2014年1月以前、賃貸借に関する統括機関はベルギー連邦政府当局であったが、以後、同機関はフランダース、ブリュッセル、ウォールニアの3地域で活動している。

〈契約関係〉
・当初家賃の規制
　民間賃貸部門の借家に入居し契約書に署名したとき、もし契約が3年未満であったら、原則的には家主と借家人は自由に交渉できる。
　例外は、最大限度3年の短期契約で、同じ借家人で別の短期契約にするならば、新しい契約であっても、その家賃は生活費の上昇スライド額を超えることは出来ない。
・値上げの頻度と範囲
　値上げは年に1回で、要求に基づく生活費のスライド上昇幅の範囲内である。3年毎の期間の終了前の9から6ヶ月での協定書による。協定書がないとき、裁判官は建物の価値の20%まで増額か、減額するか決定出来る。もしくは、家主が不要な作業により価値を10%まで増加していると証明できるとき、

家賃を変えることが出来る。値上げは、裁判の判決による協定書がなければ、借家人に書面か、裁判の判決書で示すべきである。値上げについては一般に制限はない。

当事者が家賃見直しに合意しないときは、裁判官が公正に判定する。裁判官は公正家賃を認定できる。

・値上げへの異議申し立て

借家人は、いつでも書面で家主、必要ならば州の判事に家賃値上げへの異議を申し立てできる。

借家人は、書面での理由がないか、あるいは3年契約の期間が始まる9ヶ月から6ヶ月前に家賃見直しの合意書が作られなかったときに、家賃値上げへの異議申し立てが出来る。

・契約期間

基準の期間は9年間で、約半数は3年までの短期契約である。3年以上の契約は自動的に9年の契約となる。もし、4年から6年の契約をすると、自動的に（法的に）9年契約に、長期間の期間の契約になる。

・通告期間

9年契約——家主は少なくとも契約終了前の6ヶ月に契約の終了通告できる。借家人は3ヶ月の通告期間で契約終了できる。しかし、もし借家人契約が3年契約の通告による終了が1から3年の期間内のとき、1から3ヶ月分家賃の通告料を支払うべきである。

3年までの短期契約——家主は最大限3年の、合意した短期契約終了前に3ヶ月の通告で契約を終了させることができる。

・敷金

2ヶ月分家賃が一般的である。敷金の返還はベルギーでは大きな問題である。返還に家主が不同意の場合は州の裁判官が判

断する。

・他の家賃規制の情報

　私たちは、現在、フランドル議会と政府が家賃改革を施行するのを持ち望んでいる。借家人連合は「協定賃貸借」を提案している。この提案は、家主が補助金や他の政府の支援と交換に賃貸住宅での家賃水準規制、居住の安定性や住まいの基本的品質レベルの遵守に合意することである。これは賃貸借規制の第一歩である。フランドル政府が我々の主張を受けいれることは充分可能である。ベルギーの賃貸住宅市場は、今日までの持家支援政策の結果、品質が劣悪で高価すぎている。対応策の転換の必要と、民間賃貸住宅市場が借家人側にも家主側にもより多くの支援を必要だという意識が諸政党間に高まりつつある。

持家率	70%		
借家率	27%	民間賃貸	20%
		社会住宅	7%
その他	3%		

ベルギーの住宅資料

「ノルウェイ」　(Tenants Association of Norway)

　ノルウェイ借家人協会は、自立した非政治的団体で1933年に創設された。協会には4千名の個人会員がおり、小規模な店舗、事務所の事業用借家人も参加している。協会は半数がパートの、9名の職員がいる。協会は、オスロ市から年間7万1千ユーロの事業補助金を受けている。また、2011年より年間12万7千ユーロの事業基金を受けている。その他の収入は法律相談料

や会費である。会費は年間 45 ユーロ、学生 26 ユーロ、事業用借家人は 130 ユーロである。協会は借家人の住宅市場のおける地位や状況を高めるためのロビーイングを行っている。ノルウェイの住宅政策は第二次大戦以降、持家を支援してきている。多種類の補助金、特に広範囲に渡る税制補助金は、中・低所得者層の住宅購入を可能にしている。持家は国民の 64%、協同組合住宅に 13% が住んでいる。しかし、ここ最近の 10 年から 15 年間での住宅価格の上昇で、多くの人々が自分の住宅を持てない状況になっている。

〈契約関係〉
・当初家賃の規制
　現実的には自由である。
・当初家賃への異議申し立て
　異議申し立てに特定の制限はない。時間が過ぎたままであれば、借家人は家賃額に合意しているものとされる。もし賃貸借契約が 2 年 6 ヶ月を過ぎていたならば、借家人は家賃を現在の水準に決めることを要求できる。当事者が家賃額を不当と考えたら、家賃裁判所か、家賃評価委員会に申し立てる。もし結果が受け入れられないときは、地方裁判所に持ち込む。
・値上げの頻度
　値上げは消費者物価指数により書面で通知し、12 ヶ月毎に出来る。通常の水準家賃額を 3 年ごとに定める。もし期間が 3 年かそれ未満の契約で、当事者が新契約を望むならば、家主は市場家賃の契約を申し出でき、借家人はこれを受け入れねばならない。家主は値上げの理由を述べる必要はない。
　建物の価値は、借家人の建物改築や投資により減額される。

第三章　欧州諸国の住宅運動団体　（20 ヶ国）　　163

・契約期間

　民間の規制無き部門の賃貸借は、特定か非特定の期間に合意できる。

　非特定期間——期限の定めなき賃貸借契約、契約書に終了日時が記載されてない契約。

　特定期間——主たる規定は契約が３年未満であること。賃貸借の期間は当事者間の協議合意で決まる。

　賃貸借期間は家主と借家人の協議で合意される。

・通告期間

　３ヶ月、もしくは当事者が契約期間で終了しないと合意して決めることも出来る。

　もし家主が契約終了を望むには、客観的な理由が必要で、裁判所が不当と考えれば終了は認められない。(客観的理由：家主の居住の必要性、建物取り壊し、借家人の違反、特に家賃支払いの遅延)

　借家人は契約終了に異議を申し立てるには３ヶ月以内である。

・敷金、敷金関連の家主関係問題

　ごく一般的には、３ヶ月分家賃。６ヶ月分家賃も可能である。家主は借家人名義の特別口座に敷金を通常の利息とともに保管する必要がある。契約終了時の敷金返還紛争事例が極めて多く、家賃裁判所に持ち込まれている。家主が敷金を要求して、一定期間内に訴訟に持ち込まないならば、敷金は借家人に支払われる。家主が敷金を自分の口座に移行させたならば、借家人は敷金返還の訴訟を起こさねばならない。

持家率	77%	
借家率	23%	（民間賃貸　86%―）民間家主、自治体家主、協会） 社会住宅　　　11% その他　　　　3%

ノルウェイ住宅資料　　2011 年

「フィンランド」　　(Finish Tenants)

　フィンランド借家人団体は、借家人の利益擁護のためのNGO 団体である。同団体は全国的な組織で、借家人の賃貸借関係の問題や法律相談に応じている。相談は電話により、会員は無料。会費は年間 30 ユーロ、2 年分で 50 ユーロである。協会は借家人の生活も持家人の生活も同様の権利として大切に享受されるべきと考えている。

〈契約関係〉

　フィンランドでは、民間家賃は 1991 年まで規制されていた。1995 年に古い賃貸借契約の家賃は規制緩和された。1991 年以降、家賃はあまり値上りしなかった。主な理由は、1980 年代の賃貸住宅の大量建設からの供給過剰であった。1995 年以後、1995 年から 2000 年の間にフィンランドで 26%、ヘルシンキ市では 42% も過剰に供給されていた。持家が収益性の高い借家に転換された結果、民間賃貸部門の住宅戸数は少し増加した。

・当初家賃の規制

　当初家賃は民間賃貸部門で交渉可能で、法律での規制はない。新規家賃は一般に自由であるが、値上げは賃貸借契約で規定さ

第三章　欧州諸国の住宅運動団体　（20 ヶ国）　165

れている。

・値上げへの異議申し立て

　契約書に調印すると、借家人は当初家賃に異議申し立ては出来ない。家賃は賃貸借期間中に裁判所で異議申し立てできる。

・家賃値上げ

　家主は家賃値上げを年間に1回出来る。家主は賃貸借契約に規定した限度内で自由に値上げでき、年間のユーロか、消費者物価指数の上昇割合のどちらかで決めることが出来る。改築や大きな経費上昇（エネルギー）での値上げに交渉により合意できないとき、家主は契約終了を借家人に通知できる。

　家賃値上げは書面で提示されねばならない。賃貸借期間中の値上げは、消費者紛争委員会、それから地方裁判所で取り扱われる。多くの借家人は新規家賃の値上げに異議申し立てしない。訴訟費用が敗訴した方が支払わねばならぬからである。

　第一に、借家人は、家賃がその地域での現在の市場家賃を著しく超えているとき、裁判所に家賃減額を決めることを要求できる。第二に、家主が家賃値上げの行動を起こすことが出来る。借家人は新賃貸借契約の締結後6ヶ月以内に家賃への異議申し立てしなければならない。

・契約期間

　民間の、無規制の賃貸借部門は、法律上は期限の定めの無い契約となる。

・通告期間

　契約期間が1年間もしくは1年以下は3ヶ月。もし契約期間が1年以上ならば6ヶ月。借家人は両方とも1ヶ月。

・敷金

　最大限度3ヶ月分家賃。多くの借家人は1ヶ月か2ヶ月分

家賃。敷金は法律上では利息をつけて“遅滞なく”返還されねばならない。家主がアパートの状態を理由として敷金返還しない紛争が、フィンランドの賃貸借契約で最も問題になる紛争である。これら問題は消費者紛争委員会で処理解決される。

持家率	65%		
借家率	32.5% （ヘルシンキ 50%）	社会住宅 民間賃貸	16% 15%
その他	2.5%		

フィンランド住宅資料　2013 年

「チェコ」　(Union of the Tenants of the Czech Republic)

　1991 年にチェコ共和国借家人連合、SON が設立された。SON は非政治的な市民団体で、共和国全国で会員と活動家の 85% に法律的な助言をしている。SON は地元の当局と交渉し、毎月新聞を発行している。SON には、約 2 万名の個人会員と 22 の労働組合と協同組合住宅の 52 万名の集団会員がいる。会費は個人会員が年に 16 ユーロ、協同組合住宅の集団会員は 36 ユーロ。労働組合の集団会費は組織人員数により年間 250 から 1,000 ユーロである。SON の法律助言活動は政府の資金で支えられ、毎年地方重要開発省に収支報告される。政府の SON への資金提供は SON 総予算の 62% である。

　SON は現在、全国に 14 の地方と 18 の地元の都市団体を保有している。いくつかの地方では、SON は住宅協同組合や高齢者協議会、全国身障者協議会のような NGO と共同で活動している。SON の地方の全組織は、労働組合と正式の有用な協

力関係にあり、そのうちの21労働組合はSONの集団会員である。我々はまた、チェコ住宅開発協会、共同住宅と持家の居住者連合と協力する協定を結んでいる。

SONの最重要活動は法律的助言活動である。SONは住宅に関する法律活動の提案者の一人で議会の住宅小委員会の会議に参加している。チェコにおいて最も重要な問題は、2010年12月31日まで大都市と都市部で規制されていた家賃が規制緩和されて、2011年1月から家主と借家人が個々に交渉し合意決定したが、合意されないときは裁判所が判定した。SONは法的手続きなしに最大の家主の代表者と家賃交渉で協定し、何千もの借家人が法的行為をせずに済んだ。次にチェコの抱える問題は社会住宅の少ないことで、2012年にようやく社会住宅の法制化が取り組まれ始めた。

〈契約関係〉

・当初家賃の規制

当初家賃は当事者間の交渉によるが、規制はない。規制の基準は地元の通常家賃、利用価値、比較可能な建物の家賃、専門家の意見などで判定される。当事者は社会――経済的状況の重大な変化や利用価値が大きく異なったときには賃貸借契約を変更できる。

・値上げの頻度と範囲

家主は3年ごとに20%まで値上げできる。家主はインフレやデフレ後に、改築や投資後に建物利用価値が増大したことを証明しなければならない。値上げは書面で通知されねばならない。チェコでは借家人（＊スティング・テナンツ）は一般に値上げに異議申し立てしない。チェコには特に値上げを扱う特別な裁

判所等の制度がない。SON は隣国ドイツの"標準家賃表"のような法的基準の導入を模索している。借家紛争は民法条項に関連して民事裁判所で解決される。

　＊（旧国営住宅の借家人で、旧家主に返還され民営化された借家に居住している借家人）

・契約期間

　以前に期間の定めのない契約で入居した借家人はそのまま住み続けているが、家主だけで特定期間の契約に変更はできない、時々、新規契約でも不定期の期間契約で取り決められる。しかし、借家人と家主は短期の定期借家、一年間の契約で合意して住み、その後に不定期の契約にすることも出来る。

　賃貸借契約での家賃額は当事者間の交渉で決まるが、双方の合意か、当事者の片方の提起での裁判所の判決によってのみ変更できる。家主は、通常は以前から知っていた新借家人か、親密な人から推薦された新借家人の時のみ、不定期な契約を締結する。もし見知らぬ新借家人ならば、家主は通常は固定期間でのみ契約する。

・通告期間

　通告期間は 3 ヶ月。

・敷金

　3 ヶ月分家賃、法律上は 6 ヶ月分家賃まで認められる。敷金は民法の条項で保証されている。時折、家主は資金を返還しないが、法的救済は証拠に基づく裁判手続きで可能である。

・その他の情報

　チェコでは、1991 年以前の過去の遺産である老朽借家の使用に関する法律がある。そこには借家人と家主の共通の権利、

義務として、暖房、上水道、下水、エレヴェーター、共用部分
の清掃費用の支払い等が記載されている。

持家率	56%	
借家率	23%	民間賃貸　12% 社会住宅　　5% その他賃貸　6%
協同住宅	9%	
その他	12%	

チェコ住宅資料　2014 年

「ポーランド」　　(polish tenant association)

　ポーランド借家人協会は、1989 年にクラコフで設立された
ポーランドの借家人の権利を守る NGO 団体である。対象者は
特に 1990 年代から現在までの民間借家人である。ポーランド
借家人協会、PZL は、1990 年代初期の政治的転換後の、住宅
法制定の議論に活発に参加した。我々の協会の主たる目的は、
居住権を擁護し高品質の廉価な住宅の普及促進である。PZL
の立場は、公営住宅の効率的管理と政府当局の真に民主的住宅
政策の確立である。協会の活動からは国や地方自治体から補助
金をもらっていない。PZL は週 2 回クラコフで法律的助言を
行い、会員からの寄付金として限られた資金を得ている。PZL
は、2011 年から 2013 年に借家権の普及促進の活動に始め、"欧
州社会憲章"の批准を主張している。また、クラコフの借家人
らと地元当局との"社会対話"に参加した。2013 年にはクラ
コフの標準家賃表、"レント・ミラー"を制定する計画に着手
した。

〈契約関係〉

・当初家賃の規制

　家主と借家人は当初家賃について自由に交渉できるが、借家人は当初家賃に異議申し立てできない。

・家賃値上げの頻度

　6ヶ月毎に1回、書面で伝える。借家人が要求すれば、家主は値上げの計算と理由を示さねばならない。一般的に値上げに制限はないが、もし家賃が適正な利潤を超過していると、裁判所は値上げ撤回を警告する。家主は維持費の増額を理由に値上げできる。

・値上げへの異議申し立て

　借家人は家賃が不当と考えたらば、いつでも裁判所に異議申し立てできる。手続きに費用がかかる。

・契約期間

　A. 期間不定の契約は借家人に保有の安定を与える。家主が契約を終了出来るのは。借家人の重大な義務違反、借家人の12ヶ月以上の不在、貸家が家主の家庭の事情で不可欠になった、または借家人が不必要となったときなどである。

　B. 期間限定の契約は特定期間の契約とされる。ただし、10年間続いた契約は期間の定めない契約に変更出来る。

　通常、最短期間は6ヶ月から12ヶ月である。

・通告期間

　当事者らは契約終了の通告期間を自由に決定できる。家主は3ヶ月。

・敷金1から6ヶ月分家賃。

　敷金返還は契約終了後にされる。敷金は契約書記載の家賃額

でなく、終了時の家賃額であり、借家人には支払った正確な敷金額が返還される。

持家率	75%	
借家率	25%	社会住宅　7% 民間賃貸　15% その他　　3%

ポーランド住宅資料

「スペイン」（カタロニア）（Social Housing Neighborhood Federation of Catalonia）

　カタロニア近隣地域協会、AAVV は、既に 1968 年以来存在しており、その当時の北米や欧州の新しい社会運動と同じ流れであった。FAVIBC はカタロニアの公共住宅関係団体である。FAVIBC の仕事は通常の住宅問題と居住者の全ての要求に応じ、また近隣地区の社会生活を改善し、新しい社会運動の強化を促進する様々な社会計画で活動することである。その目標は、社会住宅地区での様々な計画を実施することである。

〈契約関係〉
・当初家賃の規制
　民間賃貸住宅の当初家賃は、家主と借家人間で自由に交渉される。
・家賃値上げへの異議申し立て
　借家人は 1 年間待たねばならないが、もし家賃が消費者物価指数、CPI よりかなり高ければ、当初家賃に異議申し立てでき

る。

・家賃値上げの頻度

1年に1回で書面による請求。家賃値上げ額はCPIにより制限される。家主、借家人は3年目より家賃値上げ、値下げについて、CPIに関わらず交渉できる。もし借家人が建物を改善したならば、家主と協定して、毎月家賃からその工事費用を減額できる。

・家賃値上げへの異議申し立て

不可能である。借家人の値下げできる唯一の方法は、近隣地区でのより安い家賃を引用することである。

・契約期間

通常1年から最大3年間まで。もし家主が何もしないならば、借家人は毎年契約期間を自動的に1年延長できる権利がある。もし家主も借家人も契約終了の1ヶ月前に契約終了の通告をしないならば、契約は毎年最大限3年間まで自動的に更新される。短期契約はホリディ・レンタル目的で1年間続けることが出来る。借家人は、少なくとも契約終了の30日前に終了通知すれば、契約を終了させることが出来る。

・通告期間

契約期間終了日前の1ヶ月間。

・契約終了日前の契約終了の可能性

家主が建物取り返しと借家人立退かせ出来るには、家賃不払いを含むいくつかの理由により可能である。裁判所は、家賃遅延が6ヶ月分を超える前に行動を起こせないとしている。現在、借家人が家賃を支払わず10日過ぎたらば、家主は契約終了の法的行動を開始できる（見なし表現判断）。

・敷金

２ヶ月分家賃。敷金取り戻しは通常は問題にならない。

持家率	82%		
借家率	18%	社会住宅	1%
		民間賃貸	10%
		その他	7%

スペイン住宅資料　2013 年

「スロヴァキア」　（Organization for the Right to Housing ）

　スロヴァキアの "住宅への権利・市民協会、CRT の活動は、2006 年の協会創設からスロヴァキアの借家人（スティング・テナンツ）の居住継続と状況改善の確立を中心に活動している。スティング・テナンツとは、1990 年以降、建物の非国有化か、民営化の流れの中で民間所有者らに返還された借家に居住している借家人。

　2011 年、スロヴァキア議会は、"スティング・テナンツ" 問題の最終的解決を目的とする法律を制定した。

　この法的規定は関係者、スティング・テナンツの猛烈な反対にもかかわらず採択された。彼ら、膨大な数のスロヴァキアのスティング・テナンツは、この採決を不当かつ差別的であると考えている。そこで 2012 年 2 月と 2013 年 5 月にストラスブルグの欧州人権裁判所に苦情申し立てをした。これら 2 つの苦情は、様々なレベルの公式機関への絶えざる圧力と苦情により、政府機関と住宅への権利団体の間に 対話をもたらした。"住宅への権利協会" は大衆集会を組織し、政治家らに訴えた。限られた財源の中で雑誌，"住宅への権利" を発行した。こうした

活動が政府とスティング・テナンツとの対話を維持させている。政治家たちは、この問題を未解決のままに放置している政治状況であるが、私たちは取り組まねばならず、IUTの会長や事務総長がスロヴァキアの首相に書簡で申し入れ、協力してくれたことを報告したい。

〈契約関係〉
・当初家賃の規制

　民間借家の当初家賃に規制はなく、借家人は値上げに異議申し立ては出来ない。

・値上げの頻度と幅

　家賃値上げに何の規制も限度額もない。2011年法より家主は、2012年から2015年の間は年間に1回最大限度額20%まで値上げできる。しかし、現実には184%値上げされた。2016年には値上げは可能であった。2017年1月1日まで自由市場の家賃が返還された借家に広がった。民法では賃貸借について何の規定もないが、値上げは一般に書面で提示される。民間家主は賃貸契約書の条項によってのみ値上げでき、家賃は借家人との交渉により決まる。

・値上げへの異議申し立て

　裁判で可能である。借家人は、値上げの提示後に直ちに異議申し立てをすべきである。値上げ額を支払うと法律に反した値上げでも、合意したとされる。自由な交渉による家賃は、家主が賃貸借契約の義務を果たさないとき、借家人は異議申し立てできる。

・契約期間

　賃貸借契約は法律で2種類が決められている。

第三章　欧州諸国の住宅運動団体（20ヶ国）　175

A、 民法で、賃貸期間が一定か不定期（無期限）かのどちらかであると定められた契約。

B、 法律で、短期間の借家とされた契約。期間は2年間まで認められる。民間家主はほとんどが短期契約のみを提供し、期間は当事者で交渉する。民法は賃貸借期間の上限や最低期間について規定していない。

・通告期間

民法では3ヶ月、短期間借家契約の法律では、より短期に出来る。

・賃貸借期間終了前に契約終了できる理由

家主——借家人の家賃支払遅延、不正行為、建物の損壊。借家人——自由に解約終了できる。

・敷金

通常は民間契約では、2から3ヶ月分家賃。敷金の最大限度額は法律で規制されておらず、当事者間の合意に従う。スティング・テナンツは代替えの住宅を割り当てられたならば、6ヶ月分の家賃を請求される。敷金返還での問題は無い。借家人はしばしば最後の家賃を敷金と相殺する。

・その他の情報

公営住宅の大量民営化は、居住していた購入者には極めて有利な条件であったが、大多数の建物は民間所有建物であった。その結果、賃貸住宅部門は未開発にとどまった。家賃は急騰したままで、多くの人が借家の購入が難しくなっていて、社会住宅の家賃は建築費の5%以上に出来ない家賃規制がある。各自治体の公営家賃は低廉であるが、一定期間しか借りられない。

持家率	90%	
借家率	10%	Sitting tenants（返還住宅居住借家人）　1% 社会住宅　3% 以下 民間賃貸　3% 民間賃貸（短期）　3%

スロヴァキア住宅資料　センサス　2011 年

「フランス」　(Confédération Nationale du Logement、CNL)

　全国借家人連盟、CNL は、フランスの賃貸住宅の借家人と消費者の連合体である。CNL は最初の全国的住宅団体として 1916 年に創設された。CNL の主たる使命は借家人の擁護で、全ての人の居住への権利を守ることに闘志を燃やしている。CNL は、フランスでは消費者団体として公認されている。CNL は 7 万名の会員、世帯が参加しており、全国に 4,600 の支部がある。CNL には社会住宅の供給組織 HLM の理事会に 788 名が代表者として選出されている。2010 年の選挙では社会住宅の借家人の 43% が CNL の代表者に賛成票を投じた。

　2011 年以降、フランスでは住宅の危機が続いている。ますます問題を抱える家族が増えていく。住宅危機はいくつかの原因に分けられる。社会住宅の供給不足、劣悪な住宅、不潔な住居などである。

　この状況下で、CNL は家賃、電気やガス料金の値上げ反対運動を主導し、またこの数年間か増加している立退き反対に人々を動員した。また、同時に CNL はニコラ・サルコジ大統領のフロン政府と消費者団体と補助金の認可を取り戻すために対決した。2012 年は重要な選挙の年で、選挙制度の枠組みの

中で真に住宅問題を考慮した、多くの提案を行った。政府の法案はこれらにほど遠いもので、それが CNL が家族への社会的緊急事態に目を向ける行動を指導した理由であった。2013 年 4 月に、CNL は緊急提案を行った。CNL は住宅関連の多くの大臣——住宅や都市問題、社会問題から経済問題の閣僚に呼ばれ、動員された借家人や消費者の声は聞かれたが、残念ながら政策決定者に必ずしもよく認識されなかった。今後二,三年間、CNL はより多くの社会住宅建設のため、大衆動員とロビーイング活動を行う。家賃とエネルギー費用は引き下げられねばならない。借家人の追い立てと、水道、ガス、電気の供給停止をやめさせねばならない。

CNLの未来の賃貸住宅への取り組み

　結局借家人と家主の間の現実の力のバランスをとるために、保有の中立性のためにより活動する必要がある。社会住宅がより多く建設され増加することが極めて重要である。

　社会住宅の大量建設は賃貸借住宅市場を調整し、より多くの供給は住宅への需要を満たし、より廉価な住宅に繋がる。住まいは誰もが入手できねばならない。

持家率	33%	
借家率	61%	（社会住宅 16%＋ 民間賃貸 45%）

パリ市住宅資料　　INSEE 2007 年、参考資料②より作成

「ラトヴィア」 （Latvia Tenant Association）

　ラトヴィア借家人協会、LTA は 125 団体で構成され、その
うちの 8 団体が活溌に活動している。LTA はスティング・テ
ナンツ問題について諸政党、ラトヴィア議会の代表者、大臣ら
や、リガ市議会と意見交流し、ロビーイング活動をしている。
LTA は定期的にスティング・テナンツらと裁判に向けて協議し、
裁判で彼らを代表している。彼らの活動成果としては、2011
年 9 月 30 日にストラスブルグの欧州人権裁判所にラトヴィア
の 10 家族の集団申し立てを認めさせたことである。共産政権
後の欧州での多人数家族住宅の返還復権は欧州共同体、EU の
要請で行われ、750 万名もの犠牲者をもたらした。返還された
住宅はかなり離れた場所にあり、しばしば以前の持主と間違っ
た相続人に居住中の借家人付きで戻された。借家人は他の国有
の住宅への転居も、充分な補償金ももらえなかった。多人数家
族の返還は極めて厳しい非人間的なやり方で実行された。犠
牲者はラトヴィアの総人口の 10% の 25 万名になっていた。20
年間、ラトヴィアの右翼政党は力もなく事態の解決に何もしな
かったが、法律改正は事態を悪化させた。
　2001 年に賃貸住宅の家賃に関する法律が導入され、いわゆ
る家賃上限額で毎年スティング・テナンツの家賃額より高くさ
れていった。2006 年、憲法裁判所は、家主が借家人に家賃を
いくらでも請求できるように返還住宅の家賃上限額を廃止し
た。2009 年に、左翼のリガ市長はスティング・テナンツに希
望を与えたが、公営住宅の申込者は 7 千世帯を超え、そのほと
んどがスティング・テナンツで入居条件はきわめて厳しい。私

たちは、スティング・テナンツの悲劇を忘れないし、許しもしない。ラトヴィアにおける彼らのへの社会正義を回復する闘いにあらゆる手段を駆使し、欧州人権裁判所への申し立て、国会の代表者の選挙、欧州の各国議会への働きかけに務めねばならない。

〈契約関係〉

・当初家賃への規制

　民間賃貸住宅の家賃に規制がないが、公営住宅の家賃は規制される。借家人は当初家賃に異議申立てできない。

・スティング・テナンツへの値上げ

　家賃値上げに特に規制は無いが、値上げするには契約書に明確に規定されていなければならない。

　値上げは6ヶ月前に書面で提示されねばならない。

・値上げ理由の必要性

　家主は値上げの理由として、"財政上の正当性"、住宅修繕費やインフレ率を提示する必要がある。

　借家人が裁判で家主の収益が過大と主張できるが、家主の収益に特に法的な制限はない。

・値上げへの異議申し立て

　異議申し立ては、値上げの理由がないならば、もしくは家主が必要不可欠なサービス、上水道、下水道、暖房、ゴミ処理設備を与えないならば異議申し立てできる。

　借家人は異議を書面で提出でき、家主との合意ができなければ、当事者らは裁判所に家賃値上げを判断するよう要請できる。訴訟費用は36ヶ月間の新旧家賃の差額の15%で裁判所に申し込み時に支払う。また裁判所の経費と法定代理人への費用が必

要である。

・契約期間

　一般に一年間だが、何年でも可能であり、期間の定めのない契約も規約も合法的であるが、家主はこうした契約をしない傾向があり、旧公営住宅（国営化されていた、1992年の資産返還前の借家）の借家人にだけ適用されている。

・通告期間

　6から12ヶ月契約は1ヶ月のみ。もし大修繕か建物の取り壊しが計画されていたら3ヶ月。もし持主が建物に住む必要があるか、民営化（返還）された建物ならば6ヶ月。

・敷金

　2ヶ月分家賃。

・その他の情報

　1990年以前は、全てのラトヴィアの借家人は等しく公営、国営の借家に入居する権利があった。しかし、返還復権の法律が採択され、2集団に分割された。

　第一グループ→　彼らが住んでいた公営、国営住宅を民営化する公認証を与えられ、民営化の機会が割当てられた。

　第二のグループ→　民営化された住宅の借家人は、そうした機会を奪われた。国は借家人らに民営化のもたらす損害を補償する社会的、法的保護のための制度を作らなかった。法律上の所有者への建物資産の返還を定めたが、民営化された住宅の借家人らへの法的、社会的保護制度は設定されず、無視されている。

持家率	80%
借家率	20%（市場家賃11%、無償9%）

ラトヴィア　住宅資料　2015年

参考図表

(参考図表) 図11、図12
契約関係対比表 21 ヶ国 3 州 (説明)
y・年　m・月　w・週　d・日　期間　期限なし、無規定、不定期
P- 定期借家
　a・オーストラリア

・2016 年作成・

第二部　参考図表〈1〉

契約関係対比表（1）

図 11

	A 無規制	併用	規制	B 不定期	併用	期限付	期間	通告	敷金
日本	×					×	2-3y p	6-12m	1-2m
カナダ	×					×	無規定	6m	違法
スペイン	×					×	1-3y	1m	2m
スロヴァキア	×					×	不定期 2y	3m	2-3m
a .ACT	×					×	6-12m 不定期 p	4y － 26w	4w
a .NSW	×					×	2y 不定期 P	14-90d	4w
a.QLD	× ×					×	6-12m	2m	4w
ポーランド	×					×	6-12m	3m	1-6m
ラトヴィア	×					×	1y 不定期	1-6m	2m
オーストリア		×			×		3y	1-3m	3-6m
ベルギー		×				×	3-9y	3-6m	2m
スウェーデン			×	×			不定期	1w-3m	不要 転貸 有
チェコ		×			×		1y 不定期 p	3m	3-6m

184

	A無規制	併用	規制	B不定期	併用	期限付	通常期間	通告期間	敷金
デンマーク		×				×	2y	3-12m	3m
イングランド	×					×	6-12mp	1m	1m

* 資料 第2部・参考資料〈3〉の（1）〜（4）で作成

参考図表〈2〉 契約関係対比表（2）

図12（対比表（1），（2）は第二部 参考資料〈1〉p.188の（1）から（4）で作成）

	A無規制	併用	規制	B不定期	併用	期限付	通常期間	通告期間	敷金
フィンランド	×					×	期限無し	3-6m	1-3m
ドイツ			×	×			1y min 無規定	3-9m	3m
イタリア		×				×	3＋2，4+4y	6m	1-3m
オランダ			×	×			無規定	1-3m	1-2m
北アイルランド	×					×	1y	8-12m	1m
ノルウェイ	×					×	〈3y 不定期	3-6m	3-6m
スコットランド	×					×	6-12m	28-40d	1-2m
スイス	×			×			無規定	3m	3m
ウエールズ	×					×	6m　p	2m	1m

Aは値上げ規制，Bは期間規定。期間は、無規定、期限無し、不定期 ・p＝定期借家

＜3＞ 補充説明「契約関係対比表」の「日本」について

21ヶ国3州の、ほとんどの国と同様に期間に期限が有り、

かつ期間1年以下が8ヶ国の中で日本の2年は短い方ではなく、敷金1から2ヶ月も穏当である。しかし、日本にはこの表で記載されない重大問題がある。権利金、礼金、更新料、借地には増改築承諾料や権利譲渡承諾料がある。いわば正式賃料以外の「裏の賃料」が存在しており、家賃、地代の二重取りが公然と続いている。更に賃貸借にある程度の資金力のある、借主に身近な保証人が要求され、外国人、高齢者、女性、身体障害者らへの賃貸借拒否、差別の口実とされている。この不正な貸主保護を定着させた過大な金銭要求は、家主、地主が、関東大震災後や戦後の住宅難につけ込んで取り始めた金銭であった（承諾料は借地法改悪による）。また彼らの行為の背景には、我が国の土地資本を基盤とした土地住宅政策がある。政府は土地所有権の絶対性を擁護する。

　今回の借地借家法改正では期間短縮、早期返還を目的にした定期借地権、定期借家権が創設された。貸主層の利益擁護で景気振興させるためとして、政府は国民の人権を踏みにじる貸主層の不当行為を長年禁止せずに放置し続けている。既述の通り、戦前から借地借家家人組合は権利金、礼金の撤廃を求めて果敢に闘ってきていた。戦前では、佐々木大二郎氏（京都借家人同盟）は、「賃貸借開始時から借家人の営業努力等で生じた借家の「権利」を借家人から奪い売買するのは横領することと同じ」としており、布施達治氏は、「権利金、礼金は借家人の努力による社会都会の繁栄利益を家主個人が搾取するもの」とした。さらに戦後もしばしば裁判所では権利金・礼金、更新料の意味の不透明さから賃貸借契約規定の有効性をめぐる訴訟が続いている。最近の裁判所の判決理由は、借家の更新料は期間の長さと、その金額（家賃2ヶ月分）が高額でないから有効とする。この判断に

は更新料負担が借主の権利、生存権を脅かす性格を無視し、「単に負担が少なく、支払事例も少なくないという事実だけで、更新料請求の正当性有り」とする論理で、更新料請求の不当性、請求根拠の薄弱性を"請求金額の常識的妥当性の推測"にすり替える理解不能の判決を出している。また、更新料を「賃料の前払い及び、補充とした複合的性質のもの」としたり、「更新料請求の根拠の不透明さを継続利用する権利の対価」という主張にして、賃料の二重取りとともに、家賃・地代の持つ対価性の意味との重複を認めているというデタラメな判決が下されている。こうした暴論を無理に押し通して貸主の利益を擁護する法務省側の姿勢の背後には、やみくもに借地借家人の犠牲の上に「土地資本主義」を守ろうとする体制側の悪あがきが見られ、彼らの主張の崩壊が近いことを示されている。なお「社会的慣習による更新料支払は認められない」とした昭和51年10月1日最高裁判決、及び「法定更新時の更新料支払は認めない」とした平成29年11月16日東京地裁判決がある。借家では法定更新すると、それ以後は期間の定めがなくなり、更新が来なくなり更新料は請求できない。

日本の「期間定めなき契約、期間の不定期」は、借主が貸主と更新等の交渉で話し合いがつかず契約書を作成しないときに、報復的措置として貸主が契約書なしのままで、いつでも解約請求できるとした事例、または、最初から双方が契約書を不必要と判断して作成しないままに来た事例で、欧州諸国の不定期契約と少し違った性格の契約である。

第二部　参考資料〈1〉

⑴ IUT　"Quarterly Magazine" December 2005（p4-p12）

⑵ IUT　"Quarterly　Magazine" September 2015（p10）

⑶ "Reports from IUT members to the 19th congress on the past, present and future situation for tenants and rental housing"

〈Krakof Poland 25-27 October 2013〉by IUT

⑷ "Reports from IUT members to the 20th congress on rent regulation and security of tenure in the private rental sector"

〈Glasgow Scotland October 2016〉by　IUT

　・「借家争議の戦術」佐々木大二郎　京都借家人同盟編纂

　・「家賃・解雇手当、借金、損害賠償金支払命令　借地法・借家法」

布施辰治著　1930 年

第二部　参考資料〈2〉

「借家人憲章」

"The Tenants' Charter" by International Union of Tenants

（第一版は、1974 年 6 月 6 日、ノルウェイ、ベルゲンでの IUT 総会で採択、第二版は 2001 年 12 月 1 日ドイツ、ベルリンでの IUT 理事会で採択され、2004 年 IUT 総会で公式提案採択された。2005 年 1 月第 5 版。

Ⅰ　住宅への権利

　人が住むにふさわしい住宅への権利は、多くの人権に関する国際的文書に具体的に記載されている。IUT とその会員組織は、住宅及び人が住むにふさわしい居住施設への権利と、その他の借家人の居住条件を改善する諸政策を要求する。

　手頃な費用負担で高品質の住宅を利用できる権利は、普遍的人権であり、全ての国で憲法や法律により正当に実現されねばならない。各国政府は、その実現のために充分な援助を与えねばならず、より豊かな国々は、援助を必要とする国々を援助しなければならない。IUT は、国際連合の諸文書や諸宣言の内容の強化改善に努めることを支持する。

Ⅱ　借家人組織の公認

　各区に政府は借家人組織を公認し、その関連政策に関与する権利を付与すべきである。各国政府は、法律で民主的な借家人組織の活動を保護し、活動を促進すべきである。

Ⅲ　住宅に関する差別の禁止

　人は全て、人間として住むに値する居住施設への権利を有する。各国政府は、住宅市場、人種、宗教、民族、性的指向、もしくは他の理由による住宅差別の禁止を保証し、差別から保護する責務を有する。

Ⅳ　健康で安全な住宅

住まいとそれ近接する空間や屋外の土地は、安全で健康的で健康に有害な物質からの汚染を免れていなければならない。土地や建物の所有者は居住者とともに、この前提条件への、特に子供たちが有害物質に汚染されないようにする責務を有する。

Ⅴ　家賃

住宅は、国際連合の「世界人権宣言（1948 年　第 21 条第 1 項）」、「経済的、社会的、文化的権利に関する国際的規約（1966 年　第 11 条）」に関連する人権であるから、家賃は手頃の費用負担となる基準で決定されねばならない。家賃額は所得額に対して適正な割合であるべきである。

家賃は、借家人または借家人組織が参加して決定されるべきである。家賃は、法律に基づく契約のもとで規定されるべきである。賃貸借契約は、明確な期間内での賃貸借関係を規定し規制すべきである。

Ⅵ　借家人等の住宅関連問題の決定に参加する借家人等は、彼らの組織を介して借家人に関連する問題の決定に参加する権利を持たねばならない。

a)　　個々の借家人の持つべき権利——生活に環境関連する諸問題——住宅や地域開発のみならず、賃貸借期間、条件を含め - 取り組むことを目的とする組織を結成し活動する権利　・住宅への不満要求を訴える実効的な手続きを利用する権利　・仲裁・調停機関を利用する権利　・住宅関連事業の監視、視察、検査に責任を有する団体に諮問を受ける権利

公認された借家人組織は該当地域での諸権利と、適切な国法レベルの諸権利を有するべきである。家賃決定交渉過程に関与する権利　・借家人らの不満に対処するため、全ての関連する住宅協定を発展させ、監視し、再調査させること、及び周辺の関連問題に関与する権利　・借家人等の不満に対する措置決定及び是正を決定する団体に関与する権利

借家人等が借家人組織を介して付与されるべき権利——　・家賃交渉をしてもらえる権利

・借家人の住宅の関連事業機関と無関係の査察を要求する権利　・合意済みの事業規準、実施目標との合致の確認、不履行の改善する行動計画の推進、実施に際し、充分な諮問を受け関与する権利

b)　保護活動

複数の家族が居住する賃貸建物の所有者とその代理人は借家人や借家人組織者が組織の結成と組織活動を行うことを認めねばならない。その活動に以下の諸活動が含まれるが、それらに限定されない。

・借家人等に連絡し情報を提供すること　・借家人等の借家人組織活動への参加を援助すること　・借家人が家主から完全に独立した形で、当該建物の借家人等が参加出来る定期的会合を開催すること

Ⅶ　家賃裁判

正当な借家人組織の代表者を含む、専門の家賃裁判所及び（もしくは）調停委員会設置に関する法律が制定されねばならない。借家人と家主の代表者の人数は均衡が取れていなければならない。調停に当たる議長は当事者双方から独立していなければならない。

Ⅷ　公的・社会住宅と民間賃貸住宅——類別された住宅ストックの必要

社会階層的に充分機能している社会は、個人の生活の必要性や発展段階により、規模や水準に関して多様な住まいを必要とする。人が持家か、賃貸住宅かを望むのは、その人自身が選択し決定するものでなければならない。また社会は、人種差別や社会的排除を避けるため、充分な数の国有、自治体所有もしくは、この目的のための制度による賃貸住宅を必要とする。公的（もしくは）社会住宅は、全ての社会の重要な一部分であるべきである。民間賃貸住宅は、高価な補完的住宅の一形態である——しかし、賃貸借契約と住宅関連の公共事業や修復の責任に関しては法的規制が必要である。

Ⅸ　保有の確保

保有の確保は借家人の支持を得ている。それは触媒的効果——他の事態への進展や良好な居住施設の提供、住宅品質の向上のための重要な問題——に例外なく発展するからである。

国際連合は、「保有の確保とは法的な管理体制により運営業規制されている、土地や居住資産に対する個人もしくは団体間の契約」としている。保有の確保とは、土地や居住資産の入手または利用の権利が公認の諸規定で保証されており、しかも、この権利が正当であるという事実に由来する。

a-　個人あまたは世帯が例外的な事情の場合を除き、その意思によらず移転させられないように保護されるために保有を確保すべきである。例外的事情とは、公に合意された法的手続き——それが客観的に平等に適用され、異議申し立てが可能で自主的なものでなければならない——による場合だけである。

b-　社会的原因による立ち退かせは、借家人が別に適切な住まいを獲得しなければ立ち退かすことは認められない。

c-　賃料滞納による社会住宅からの立ち退かせはできないとすべきである。このできごとは、しばしば、その社会の無力な社会的経済的環境の所産である。

d-　借家人は、建物所有者、管理者もしくは家主に、あらかじめ合意した期間内に通告することで賃貸借契約や占有の権利を終了させることができる。建物所有者管理者もしくは家主は、賃貸借の合意書または契約書に掲げられた一定の理由等によってのみ賃貸借関係を終了させることが出来る。

e-　全ての借家人には、明確な事実に基づかない契約終了通告に対する充分な保護が与えられねばならない。社会的な諸根拠による契約終了の場合は、借家人が別に適切な住まいを獲得しなければ立ち退かすこと

は認められない。

　X　品質に関する諸要求

　借家人として関連する問題決定に過程に参加する権利は、借家人らを代表する組織が建物の物理的品質と公共施設や周辺地域の品質に影響を及ぼすことを可能にする。IUT は現存する住まいや居住施設に関して多くの品質要件を適用している。

　(a) 建物の品質　(b) 公共施設の品質　(c) 侵入盗犯罪防止と安全な周辺地域実現への諸対策　(d) 広さが充分な歩道と運動場、適正な緑地のための居住地区からの交通網遮断　(e) 換気や騒音の減少と住まいの極近辺での新鮮な水に関する充分な衛生状態

　(a) 建物品質

　家主は建物の維持管理に責任を有する。家主が責任を果たさない時は、借家人は家主に受容可能な方法で維持管理を法的に強制させることが出来ねばならない。借家人は家主との一定の規定や合意の下で、賃借中ならの建物の内部改装が許可されねばならない。家主は借家人の申し出た改装が不可能か、建物の価値を下げるか、職業の資格を有する技術者か必要と信ずべき理由があるならば、内部改装の申し出を拒否できる。家主、借家人にとって、永続的で環境に優しい資材を建物の維持管理、改修及び新築住宅の建築に使用することは有益である。住宅は身体障害者を含め、全ての国民が便利に利用出来るように建築されねばならない。

　(b)　公共施設の品質

　公共団体は、公的医療施設、学校、店舗、ゴミ集積所、公共輸送機関などの公的施設を利用できることを保証する責務がある。

　(c)　侵入盗犯罪の防止と安全な周辺地域を実現するための諸対応策

　土地、建物所有者と公共団体は、ともに安全な周辺地域を創出する責務がある。この責務には、街路灯設置や侵入盗犯罪を防止することと、暴力行為その他好ましからざる行為を防止する為に、社会的環境を改善

するような諸対応策を含む。

（d）　充分に広い歩道、運動場と適切な緑地のための居住地区からの交通網の遮断

住宅地区には公共輸送機関に対する優先権が付与されねばならない。自動車の通行は住宅地では避けられねばならない。歩行者と自転車に優先権が付与されねばならない。住宅地区にはゆとりある空間、緑地、運動場が含まれるべきである。同地区では運動と休養の重要が満たされるべきである。

（e）換気や騒音減少と、住まいのごく近辺での新鮮な水の確保に関する充分な衛生状態

全ての住まいは十分な衛生設備と——水洗便所もしくは他の満足すべき設備、下水道設備、洗濯設備——を直ちに利用できるべきである。新鮮な水の供給設備は住まいか、住まいの極近くに設置されねばならない。炊事場は換気が十分であるべきである。住まいは、建物外部もしくは他の建物からの騒音が受忍できる水準まで減じられた品質で建築されるべきである。（以上）

［著者］
髙島 一夫（たかしま・かずお）

1943年、東京に生まれる。
1975年、東洋大学大学院文学研究科修士課程修了。
1979年から借地借家人運動に参加し、現在も日本借地借家人
連合理事長として活動中。

人権としての住まい、過去と現在

発行日	2024 年 11 月 8 日　第 1 刷発行
著者	髙島 一夫（たかしま・かずお）
発行者	田辺修三
発行所	東洋出版株式会社
	〒 112-0014　東京都文京区関口 1-23-6
	電話　03-5261-1004（代）　振替　00110-2-175030
	http://www.toyo-shuppan.com/
印刷・製本	日本ハイコム株式会社

許可なく複製転載すること、または部分的にもコピーすることを禁じます。
乱丁・落丁の場合は、ご面倒ですが、小社までご送付下さい。
送料小社負担にてお取り替えいたします。

© Kazuo Takashima 2024, Printed in Japan
ISBN 978-4-8096-8720-4　定価はカバーに表示してあります

ISO14001 取得工場で印刷しました